心动力丛书

走出失恋
分手自我治愈指南

[美] 朱迪·埃克尔贝里-亨特　著

万亚莉　译

中国科学技术出版社
·北京·

图书在版编目（CIP）数据

走出失恋：分手自我治愈指南 /（美）朱迪·埃克尔贝里 - 亨特著；万亚莉译 . -- 北京：中国科学技术出版社，2024.3

（心动力丛书）

书名原文：Getting To Good Riddance: A No-bullsh*t Breakup Survival Guide

ISBN 978-7-5236-0487-8

Ⅰ.①走… Ⅱ.①朱… ②万… Ⅲ.①恋爱心理学—通俗读物 Ⅳ.① C913.1-49

中国国家版本馆 CIP 数据核字（2024）第 042979 号

Getting to Good Riddance: A No-Bullsh*t Breakup Survival Guide
Originally published by Turner Publishing Company, LLC
Copyright © 2022 by Jodie Eckleberry-Hunt
All rights reserved.
The simplified Chinese translation rights arranged through Rightol Media
（本书中文简体版权经由锐拓传媒取得Email:copyright@rightol.com）

版权登记号：01-2023-3998

策划编辑	王晓平
责任编辑	王晓平
封面设计	沈 琳
正文设计	中文天地
责任校对	吕传新
责任印制	李晓霖

出　　版	中国科学技术出版社
发　　行	中国科学技术出版社有限公司发行部
地　　址	北京市海淀区中关村南大街16号
邮　　编	100081
发行电话	010-62173865
传　　真	010-62173081
网　　址	http://www.cspbooks.com.cn

开　　本	880mm×1230mm　1/32
字　　数	160千字
印　　张	8
版　　次	2024年3月第1版
印　　次	2024年3月第1次印刷
印　　刷	北京长宁印刷有限公司
书　　号	ISBN 978-7-5236-0487-8 / C·257
定　　价	58.00元

（凡购买本社图书，如有缺页、倒页、脱页者，本社发行部负责调换）

前　言

豪尔赫和拉娜坠入了爱河，两个人整天腻腻歪歪，其他人都有点看不下去了。他们给彼此起了爱称，时时刻刻都想黏在一起；而且他们已经约会8个月，甚至讨论起了未来。

然而毫无征兆，豪尔赫突然告诉拉娜，一切都"结束了"。他一直在"欺骗"自己，他并没有爱上她，觉得最好还是结束这段关系。不，他们不可能再做回朋友，没有必要再沟通了。一切真的就此结束了。

拉娜直接崩溃，甚至失去了行动能力。疼痛不断灼烧着她的心脏。对拉娜来说，即使是起床，仿佛都成了一件无法完成的事。她一遍又一遍、无休止地在脑海里回放着他们恋爱的场景，不断反思自己做错了什么，到底哪里出了问题，因为这一切说不通。于是，她得出这样的结论：我不讨人喜欢，我是个坏人，我会孤独终老，没人会要我。豪尔赫是最好、最特别、最了不起的人，我再也找

不到幸福了。事情永远不会变好，我的人生完了。她被沮丧、绝望、恐惧、痛苦和遗憾彻底淹没。

多年来，我见过许多像拉娜这样的人，男女都有。诚然，我从未刻意接待过跨性别个体的咨询，但我确信分手后的沮丧和绝望对所有性别来说，都是普遍存在的，无论是异性恋、同性恋，还是非二元性别者关系（non-binary relationships）①。这类感受是人之常情。

我在诊疗室见识过种种痛苦，其中最让人痛苦不堪的似乎就是意外分手。死亡也会带来不可磨灭的创伤，但两者的区别在于：逝去之人并非主动选择拒绝或者离开我们（自杀则另当别论）。分手确实很像死亡（恋爱关系的死亡），但另一个人还活着，对方选择去过没有我们的生活。死亡虽然也是一种别离，但我们可以安慰自己说这并不是对方的选择；或者安慰自己说他们还在，只不过活在另外一个时空。

看出其中的区别了吗？

我认为，分手之所以比所爱之人去世更痛苦，是因为我们知道对方不想再和自己在一起了。这种想法以及随之而来的那些感受才是致命的。

---

① 译者注：非二元性别是指超越传统意义上对男性或者女性的二元划分，自我性别认同既不属于男性，也不属于女性。非二元性别者关系即这类性别者结成的恋爱关系。

恋爱关系就是一种依恋，依恋是我们与他人建立的、将彼此联结在一起的无形的情感纽带。我们不一定能察觉到这一过程，但随着时间的推移，当我们投身其中，依恋就出现了，心也连在了一起。当这种联系被打破时，我们仿若被一分为二。如果主动划清关系的是对方，我们会悲不自胜；如果这一切始料不及，锥心之痛只会更甚。这是我们无法缝合的巨大伤口，日常生活似乎还在不断地撕扯着它，更不用说痊愈了。

这就是我写这本书的目的。多年来，我一直在倾听各种分手故事。尽管其中主题大多不同，但情感体验类似。人们想要理解为什么会被分手，希望疼痛消失；有时，还想让我帮他们挽回曾经的关系。这一切都是为了能让自己好起来。

如果你也是这样的话，请相信你不是个例——绝对不是。

我想让大家知道的是，这本书与修复或挽回恋爱关系无关。其中讲述的是我们在分手后如何自愈；如何理解之前发生了什么、意味着什么以及如何让自己好起来。这本书探讨的是不同的悲伤阶段以及如何激励自己翻篇——带着碾压一切的气势，瓦解所有痛苦，继续前行。

是，我明白——我必须克制自己的热情，以防一开始就吓到读者。也许大家在想：**你在说什么呢？我现在几乎**

都不能自己爬去浴室了；又或者在想：我成天琢磨的都是如何报复；抑或是：我脑子里一团糟，甚至不知道自己的感受是什么，它一直在变化。无论感觉如何，这都是分手后的正常反应。这些感受可以说包罗万象，而且往往变化无常。

无论各位此刻的状态如何，只要想走出失恋，重新开始，这本书就可以满足大家的需求，并且同时适用于男性、女性。

这本书不只是写给那些被伴侣分手的人，也适用于渴望继续恋爱关系却因不合适而主动提出分手的人。诚然，这本书更适合因伴侣离开而遭受打击的人。然而，总有一些人会理智地结束一段内心非常想要的感情。不管怎样，痛苦都存在。

我在帮助那些因失恋而不知所措的人时，遇到的难题是为他们找一本好书。我觉得阅读可以让人们在来访之余有事可做，刺激自我充电，并给予新的感悟。书籍可以让人们感到自己并不孤单，但我还没有找到一本真正能传达我所思所想的书。

我想告诉读者的是：你会好起来的，我们要活在当下。我们可以一起做到这一点，你还有希望。这些你可以做的事情，真的很有效。因为这就是人们想要的。他们希望可以实际感受到自己在一步步走向理解和治愈。而让我们得以摆脱失恋困境的钥匙,就在心理学领域。

我发现,在听到有关分手的各种悲惨故事后,我经常会想,**甩掉**前任其实是一件好事。有时候甚至在想**走出失恋吧,你会走出来的**。我知道接受咨询的来访者还没有准备好听到这些内容,所以我并未说出口,但我知道他们最终会做好准备的。

不过,不要被表面信息所迷惑,这本书既不消极,也不乏味。它不会让大家痛打前任,也不是为了告诉大家在分手这件事上多么无可指责。这本书的目的在于引导各位使用剩余的能量,来让自己变得更好。我想说,人们往往会在愤怒中找到能量。诀窍就是不要受困于愤怒情绪,要利用它来推动自己前进。《走出失恋》讲述的就是如何把沮丧和愤怒情绪转化为前进的动力。

我是一个积极的人。说真的,我是个乐观主义者,我相信爱情。然而,为了找到最好的爱情,我们这一路会经历种种心碎。这种不幸是必须经历的,因为我们需要更好地理解自己和他人。有时候,这也为我们敲响了警钟,告诫我们是时候把自己的担子打包送走了。这本书反映了我对人类韧性、恢复和成长的坚定信念。

最后,我想说其实没有那个人,你会过得更好。我是怎么知道的?好吧,因为我们都应该与情投意合的人在一起。现在知道这一点真是太好了,不是吗?我们可以继续生活。多么幸运啊，不必等到以后，没有为时已晚，我们现在就发现了这一点！

现在还没有感觉到幸运？没关系。我的来访者通常不会感到幸运，而是感到内疚、不值得、后悔、难受。他们不断地回想所有可能导致分手的事件，想知道哪里出了问题，如果采取不同的做法，这一切是否会有所改变。他们想知道是否存在和解的机会。

即使是前任做了非常可耻的事，有些来访者也会为其感到难过，想帮助他们改掉导致潜在问题的坏习惯。他们告诉自己前任需要帮助。

真相是令人痛苦的，因为它会给生活带来可怕的变化。而这些人为了逃避痛苦，选择了自欺欺人。我知道这一切是因为我已经一遍又一遍地目睹了这种场景。然而，前来咨询的人对此一无所知，他们只是害怕。

《走出失恋》是我对从"结束"到"翻篇"这一过程的表达，更是一种超越。而我实现超越的方法就是笑声，很多笑声，因为幽默能治愈。

大多时候，我做事情都会见缝插针，加入一些幽默的话语，因为这是一种非常有效的止痛良药。当人们带着被拒绝后的烧灼、作呕和疼痛感以及失恋的委屈来找我时，他们还没有做好接受幽默的准备。我明白这一点。但他们会准备好的。我也会达到如下目标：终有一天，当他们回首往事，会想"谢天谢地，我终于走出来了"。

对方是不是坏蛋其实不重要。有时，他们确实是坏蛋；有时，两个人的互动会让其中一个或双方表现得像坏蛋一样；有时，人就只是因为太不一样了。到最后，一切都不重要了。重要的是让自己好起来——继续生活，因为你才是阅读这本书的人。你才是那个努力让自己和生活变得更好的人。我们能控制的只有自己。除此之外，我们还需要弄清楚的就是接下来该怎么办。让我们开始直面现实，深入细节，然后走出失恋。

本书共 12 章。第 1 章中，我首先会对认知行为疗法、正念、积极心理学、幽默和脏话进行全面解读。我将解释这些术语背后的科学原理以及它们如何发挥作用。这一章将列举一些基本技巧来管理大家变幻莫测的想法和情绪。在第 2 章中，我会将第 1 章的知识转化为"恋爱脑，翻篇吧"（MOMF）[①]哲学，直接进行实操。因为我明白分手会削弱思考问题的能力，让大家很难安然度过每一天。

第 3 章讲述的是一些基本的生存技能。这一章的重点是如何管理一段关系结束后随之而来的痛苦。制订计划管理自己非常重要，这样你这个恋爱脑才能开始翻篇。第 4 章内容涵盖了失恋后悲伤的各个阶段，方便大家了解可能

---

① 译者注："MOMF"为英文原文"Move on, motherfucker"的首字母缩写。

会发生什么，并重燃希望，相信事情会有所好转。第5章深入探讨了什么是爱，以及恋爱关系中与感受相关的一些理论；目的在于帮助大家理解一些驱动行为的故事情节，以及在长期的关系中应该期待什么。

第6章讲述的是不忠行为，我们要如何理解并克服它。第7章讲述了特定类型的缺陷人士，他们似乎像自然灾害一样影响我们的生活。这些人包括自恋者、依赖者、反社会者、施虐者和胁迫者。第8章介绍了边界和大家做的哪些事情可能让别人伤害到自己。第9章介绍的是恋爱成瘾，即使知道那不过是个垃圾，还一直想要更多。幸运的是，第10章终于翻开人生新的篇章，开始考虑一个没有前任的未来。人生道路上总是会出现一些与自己三观不合的人，但这一章的重点是想象他们吸引、祸害的是别人而不是自己。第11章整合了全部内容，让大家可以带着新的知识和力量走向新生活。第12章作为结尾，教大家跟过去好好道别，开启新的生活。

这本书与其他情感自助书不同的地方在于，我不会一股脑地抛出一堆想法让大家去尝试，我会向大家解释这些技巧是什么以及它们如何实际发挥作用。我坚信这样做会让大家更深入地了解自己的动机和倾向。它会帮助大家成为一个更了解自己的专家，这样就能更有效地做出长期的改变。

准备好了吗？改变即将开始。

目 录

第 1 章　心理学 101 / 001

1. 核心信念　　　　　　　　　　　/ 002
2. 自我对话　　　　　　　　　　　/ 004
3. 认知行为疗法　　　　　　　　　/ 007
4. 正念　　　　　　　　　　　　　/ 013
5. 第二支箭　　　　　　　　　　　/ 019
6. 积极心理学　　　　　　　　　　/ 021
7. 脏话反转　　　　　　　　　　　/ 024
8. 脏话和幽默　　　　　　　　　　/ 025
9. 幽默和脏话　　　　　　　　　　/ 029
10. 小结　　　　　　　　　　　　 / 031

第 2 章　恋爱脑，翻篇吧 / 033

1. MOMF　　　　　　　　　　　　/ 034
2. 搞什么鬼　　　　　　　　　　　/ 037
3. MOMF 的奥秘　　　　　　　　　/ 039
4. 蒂诺对 MOMF 的应用　　　　　　/ 041

5. 实现方法 / 047

第 3 章　你会活下来 / 049
1. 珍妮的故事 / 050
2. 基本要素 / 052
3. 存活技能 / 056
4. 惊恐感 / 060
5. 实现方法 / 062

第 4 章　麻烦给我一张地图 / 063
1. 米拉贝尔和冯 / 064
2. 悲伤理论 / 066
3. 否认 / 068
4. 愤怒 / 070
5. 讨价还价 / 072
6. 沮丧 / 074
7. 接受 / 077
8. MOMF 阶段 / 079
9. 实现方法 / 081

第 5 章　这和爱情有什么关系 / 085
1. 感觉并不总是理性的 / 086

2. 爱的进化　　　　　　　　　　　/ 087

3. 亲密关系的基础　　　　　　　　/ 090

4. 什么是爱　　　　　　　　　　　/ 092

5. 什么不是爱：虐待（abuse）　　 / 094

6. 对爱的期许　　　　　　　　　　/ 098

7. 爱情理论　　　　　　　　　　　/ 100

8. 什么是正常的　　　　　　　　　/ 106

9. 爱情需要经营　　　　　　　　　/ 109

10. 杰德和拉希达的故事　　　　　 / 111

11. 如何避免重蹈覆辙　　　　　　 / 112

第 6 章　理性面对不忠行为　　　/ 117

1. 恶人和坏蛋　　　　　　　　　　/ 118

2. 理解不忠　　　　　　　　　　　/ 120

3. 偏误的解释　　　　　　　　　　/ 124

4. 越来越好　　　　　　　　　　　/ 127

第 7 章　应对人格障碍者　　　　/ 131

1. 自恋者　　　　　　　　　　　　/ 132

2. 依赖者　　　　　　　　　　　　/ 142

3. 反社会人格障碍者　　　　　　　/ 146

4. 施虐者　　　　　　　　　　　　/ 151

5. 胁迫者　　　　　　　　　　　／156
　　6. 降低风险　　　　　　　　　　／161

第8章　边界感：胡扯到此为止　　／163
　　1. 马利克和克洛伊　　　　　　　／164
　　2. 边界感学习　　　　　　　　　／166
　　3. 心理社会发展阶段　　　　　　／169
　　4. 为什么边界感很重要　　　　　／172
　　5. 协同依赖　　　　　　　　　　／174
　　6. 协同依赖评估　　　　　　　　／177
　　7. 回到亲密关系　　　　　　　　／179
　　8. 解决边界感问题的策略　　　　／181

第9章　恋爱成瘾　　　　　　　　／183
　　1. 梅根和金博的故事　　　　　　／184
　　2. 我控制不了自己　　　　　　　／186
　　3. 我们就称之为成瘾吧　　　　　／188
　　4. 我有问题　　　　　　　　　　／190
　　5. 这下要来真的了　　　　　　　／193

第10章　平和地离开　　　　　　　／199
　　1. 莉兹和利奥的故事　　　　　　／200

2. 这是一种选择 / 201

3. 意义 / 204

4. 象征主义 / 207

第11章 翻篇 / 209

1. 基利的故事 / 210

2. 准备好向前看了吗 / 212

3. 幸福 / 214

4. 幸福不是什么 / 216

5. 幸福是什么 / 218

6. 找到幸福 / 220

7. 幸福和价值观 / 221

8. 提升幸福感 / 224

9. 小结 / 231

第12章 再见，笨蛋 / 233

好好跟过去道别 / 234

致谢 / 237

参考文献 / 238

第 1 章

心理学 101[①]

这一章节是后续所有内容的理论依据。开篇我将介绍一些基本原理,包括人们如何思考、感受和表现。我保证这样一来,后面的内容就会变得更浅显易懂了。

[①] 心理学 101 即心理学概论,101 在英文里多用作培训课程的开始。

1 核心信念

当我们出生时,人格的一半就已经形成了,另一半则由我们前 18 年的生活经验塑造而成。我们的人格包含对自身、世界以及他人的核心信念。无论积极与否,一切信息都流经这些核心信念,大家也可以视其为某种偏见或者过滤器。关键在于这些带有偏见的过滤器是我们观察世间万物的媒介,所以意识到它们究竟是什么尤为重要。其中一些核心信念是天生的(如乐观或者悲观),另一些则与生活经验有关(如父母教导我们的信息)。

核心信念会给我们的生活上色。

想象一下,如果我的家人从小就不断地批判我的体重,那么我现在很可能会坚信体重和外貌超级重要。我也许会"以貌取己",并且相信只有迎合特定的审美,才能被接纳。

反过来,假如在我的成长过程中,父母一直给我灌输的是他们有多爱我,那么我可能从小就会知道:爱不是争取来的，而是自愿给予的。我可能已然懂得如何自由地、毫无畏惧地向他人表达爱意。

总而言之，基因和童年经验塑造了我们的核心信念，正是这些信念形成了那些稳定的、带有偏见的过滤器，决定了我们如何看待生活。关于恋爱关系的一些常见的问题核心信念包括：

- 人们不值得信任。
- 价值是争取来的。
- 情绪是不好的。
- 爱是争取来的。
- 你爱的人伤你最深。
- 外表具有吸引力，是获取爱和接纳的关键。

2 自我对话

核心信念驱动自我对话，而自我对话是出现在我们脑海中喋喋不休的声音。这个声音会评价事物的好坏，评判我们的表现，告诉我们自己有多伟大或者多糟糕，敦促我们去做某些事情，等等。是我们的偏见在驱动着自我对话。

如果我从小就知道爱人会伤害到自己，那么我看待别人的信念过滤器将会是"不信任"：脑中的自我对话会告诉我不要相信别人。如果我一遍又一遍地听到别人说我没有任何价值，我可能就会笃信自己毫无价值。因为此时流经的信念过滤器是无价值的：自我对话会告诉我根本没有人会爱我。

大家现在应该已经有了些许的感悟。也许在想：**哦，对！现在我知道为什么我在某些特定场合出现某些特定的反应了……**

问题在于人们不可能重回过去改写信念或者改变基因，所以意识到自己的核心信念和偏见非常重要。因为这种洞察会让你发现自己的倾向,然而即便如此,我们也没有相应的治疗方法。你必须迎难而上,打一场漂亮的仗,去揪住偏见,将它们标记为"问题",不要去回应它们。只要意识到自己存在问题的那些倾向,并努力与之抗争,就是胜利。

与恋爱关系相关的一些常见的、消极的自我对话类型包括:

- 没有人爱我。
- 我没有任何吸引力。
- 我不值得被接纳。
- 人们会看穿我。
- 我不可能会快乐。
- 我应该成为别人希望我成为的人。
- 坏事总是发生在我身上。
- 如果我受到伤害怎么办?

类似的消极自我对话还有很多,但大家已经知道我想传达的意思。

反之亦然。我们也可以进行积极的自我对话。如果你积极地看待事物,就会先看到万物好的一面;如果你认为这个世界上基本上都是好人,就会更容易相信别人。

事情是这样的：如果我们的想法很积极（例如，今天会有好事要发生），就会感受到积极的情绪（如兴奋）；如果我们想的是消极的一面（例如，今天会发生坏事），消极情绪（如焦虑）就会找上门。我们的感受会塑造行为。例如，如果我的想法是积极的，也许我会做好事，会赞美别人；如果我有消极的想法，就会吃一盒低糖冰激凌，然后突然拉肚子。

我们都会进行自我对话，如果消极的自我对话能帮助我们应对环境中真实存在的威胁，那也不全是坏事。我们的大脑倾向于看到事物消极的一面，以战胜威胁。这是一项生存技能。其诀窍在于辨别哪些消极的自我对话是基于现实生活的事实，哪些是我们自己思维的产物。我们的目标不是消除消极的自我对话，而是看到它、分析它、管理它，从而保持思想健康。

去芜存菁的关键在于监控我们大脑中完整的对话，了解我们的内在偏见和倾向，进而管理它们，使自己受益。幸运的是，我们确实有一些基于研究的有效策略来调节消极的信念和自我对话，包括认知行为疗法、正念、积极心理学、幽默和脏话 。这些策略的核心是有能力进行有意识的自我觉知。

接下来，我会详细讲述每一种策略，然后在章节最后进行总结。

3 认知行为疗法

20世纪60年代，医学博士亚伦·贝克（Aaron Beck）指出，患有抑郁症和焦虑症的人会向自己灌输大量消极想法，并将长期的自我挫败型消极自我对话视为一种障碍；贝克开发了认知行为疗法，以治疗由消极自我对话引起的心理障碍。

认知指我们在想什么，行为指我们所做的事情。认知行为干预包括基于思维和行为的干预。

认知干预包括识别不正常的核心信念和相关的消极自我对话，并通过反驳、分散注意力或自我肯定来阻止它们。事实证明，认知干预对许多人都有效；但这需要人们在一生中进行大量练习，因为消极的自我对话永远不会消失。我们的目标是让人们更好地捕捉和改变不健康的自我对话。

接下来我要讲的，便是行为干预。有时候，我们总是无法忘记别人对自己说过的那些难听的话。在这种情况下，我们需要改变的是眼下正在做的事情。例如，我们可以打电话给朋友，约他们一起去散步；我们可以计划积极的活动来提振我们的情绪。我们可以选择写日记，而不是去吃一整盘布朗尼蛋糕。与其无休止地回顾消极的想法，我们更应该做一些其他的事。我们需要避免那些可能引发消极想法的事物，然后就有可能发现那些给我们带来压力的想法消失了，因为我们分散了自己的注意力。

认知自我疗法是一种有效的方法，可以系统地识别思维模式，了解这些模式如何影响我们的感觉和行为，进而改变这些思维模式和行为。最终目的是让我们感觉好起来。

以下列举了一些将认知自我疗法概念应用于恋爱关系的方法。

偏误信念（distorted belief）和自我对话的起源：
- 我总是担心没有人喜欢自己，因为我不够好。我讨厌自己的样子，我不够聪明。我的伴侣可以找到比我更好的人。我会偷偷检查他的手机和邮件，因为我想知道他是不是出轨了。我知道这不对，但我无法控制自己。
- 我意识到在我成长的整个过程中，我爸爸一直背着妈妈在外面拈花惹草。她会在晚上开车带着我们几个孩子跟踪他,看他是否在他自己说的地方。她很困扰,但她不会离开他。我一直都很讨厌这样。妈妈告诉我,爸爸只是被迷惑了,她一定会挽回他的。我学会了用这种方式看待不正常的恋爱关系。我也一直在努力争夺爸爸的宠爱,就好像我也害怕他会离开我一样。我知道自己一直很害怕被所爱之人抛弃,但我也知道这是因为我总是下意识地认为男人的不忠是常态。

- 我知道那些早期的经历扰乱了我的思维,但我不知道怎样才能克服。

一旦我识别出其中的偏误信念,可以:

- 认识到基因和生活经历如何影响核心信念,以及核心信念如何影响自我对话。然后,我就能了解消极的自我对话如何影响感受,看到从这些信念和想法中产生的问题。我可能会注意到以"如果……怎么办(what-if)"形式展开的假设思维的一贯模式。例如,如果我的伴侣找到更好的人怎么办?我怎样才能把他夺回来?我可能也会注意到很多以"我不能"展开的陈述式语句。比如,我不能没有他,我不能孤身一人，我不能改变。

认知行为疗法鼓励我向自己提出的问题：

- 有什么证据能证明我对自己说的话是真的？面对这一问题，我只有两种选择：要么找出证据，要么就承认它不过是一种自我折磨。如果有确凿的证据，我就需要问问自己该怎么做；如果没有证据，我就是在制造不存在的问题。

例如，我问自己有什么证据来支持我的信念。我能确定男朋友出轨了吗？我能证明自己不能独处吗？说实话，我是可以一个人的。当然，我也承认那会很痛苦。不管怎样，思考这些事情有什么帮助吗？

我可以运用抗辩陈述，来反驳消极的自我对话。

- 抗辩陈述指好朋友可能会说的话，或者是朋友针对这种情况，从自身角度出发给出的看法。例如，如今，你的想法一团糟只是由小时候的经历所致。你爸爸是个坏蛋不代表你男朋友也是，用你爸爸的行为来评判他，真的不公平。如果缘分到了，你们一定会在一起的。

认知行为疗法包括使用行为策略来打断消极想法。

- 当我为伴侣的不忠而感到焦虑时，我会做 5 次缓慢的深呼吸，重复"冷静"这个词来集中注意力，也会尝试通过散步来理清思绪。

认知行为疗法鼓励使用积极的肯定自己或教练陈述来对抗消极情绪，帮助我们专注并改善情绪。

- 例如，我告诉自己，我会做出和母亲不一样的选择。我不会困在那个婚姻牢笼里，等着我的伴侣出轨。这不是真的。

以下是认知行为疗法的一些其他例子以及它发挥作用的方式：

- 证明这个想法是对的，或者问问自己它是否有帮助。

  想法：人们不喜欢我。

  证据：我有很多朋友，我是一个很好的人，我会为同事排忧解难，我遇到的人似乎都很喜欢我。其实，我没有什么证据证明人们不喜欢我，这只是有时候我对自己的感觉。对自己说"人们不喜欢我"并不好，也没有什么帮助。

- 寻找新的角度看待问题，辩驳消极想法。

  想法：坏事总是发生在我身上。

论点：我总是会看到事物坏的一面，因为我一直在刻意寻找它们。我打算每天早上和下午都写一件积极的事情，提醒自己要看到事物的两面性。

- 使用思维阻断法、分散注意力或肯定自己。

想法：我不够好。

思维阻断："停下""不"，或者把"我今天绝对不会这么想"写在纸上。

分散注意力：去做其他事情，如健身。

肯定自己：你是值得的，你可以做任何想做的事，你很坚强，你是一个不怕困难的强者。

4 正念

另一个管理不正常核心信念和消极自我对话的、非常有效的技巧就是正念。现在正念非常流行,你可能也听说过。

正念其实很简单,就是强迫自己意识到当下正在发生的事情,但是要始终如一地做到这一点很难。在一段时间内,人们可能很容易做到,但随后就可能发现自己的思维异常活跃,想东想西。而正念的诀窍就是坚持当下,不要放弃。

所以,也许在此刻,我注意到了自己的焦虑。我识别出了它,花时间对它进行了思考,我变得善于观察。也许我会意识到各种消极的自我对话,也许我会注意到周围诸多的触发因素。我只是察觉到了这一切,我可以把它想象成不会应激的敏锐意识。

正念与认知行为疗法非常不同。正念是有意识地关注当下,关注有关过去和未来的消极想法,然后不予理会。

正念并不主张与自己的想法发生争论，只是意识到消极想法，并且不做任何反应。

有了正念，我们会意识到正在发生的事情和当下的想法，然后做出如下回应：**哦，我又开始说我不够好，说我必须取悦别人了。我不会再评判自己了。就顺其自然吧。这些想法总会消失的。**

从正念的角度出发，痛苦的想法和情绪就像抽筋：能感觉到它们，知道它们很疼但并不致命。这种情况下，我们并不需要去急诊室，因为我们知道它们会过去的。但是如果危险程度堪比胸痛，确实需要去看急诊。正念只是说出、理解，并决定要做什么。

正念让我们接受事物可能会不符合预期，事物就只是事物而已。那场战斗已然成为过去，并且已经结束了。不停地回想并不会改变什么，也不会再有任何帮助。当我们认定情况和自己都很糟糕的时候，问题就会出现，我们也会痛苦不堪。我们当下所处的位置和理想之间的差距是痛苦的根源。正念是要我们接受当下，而不是评判它、对抗它。

需要明确的是，这并不是说我们要选择放弃并接受失败，而是说事物本来就是这样的，**现在**的问题是我们接下来要做什么。

正念和认知行为疗法一样，对许多人都有帮助，但由于它涉及接纳，所以实际应用起来会有点困难。我想再次强调一下，接纳并不意味着合意：接纳是承认现实的本质。

抱怨、衔恨和自怜改变不了任何事，它们只会让我们感觉更糟，尤其是当我们的处境本来就很糟糕的时候，有点像在伤口上撒盐。正念强调的是接纳，而不是评判或者否定。它可以让我们远离对与错、好与坏的刻板观念。将自己的想法置之度外，与其和平共处，这需要极强的自制力，甚至更多的练习。

正念强调有意识地关注当下，察觉正在发生的事情、我们在想什么、感觉如何。这是一种没有判断或批评的密集观察，因为当我们陷入消极情绪时，就无法准确地看到正在发生的事情：会分心。正念强调的是关注，是有意识自我觉知的一部分。因为我们觉知到了，所以可以有意识地决定如何充分地利用这些信息。

正念教导我们要停止对周围发生的事情做出反应。我们要做的只是观察事件和自身的感受，然后就可以做出深思熟虑而非冲动的回应。正念本身并不关心我们消极想法的内容，也不关心这些想法的真实性。它更像一种不评判当下或正在发生的事情，而选择活在当下的实践。痛苦是生活中不可或缺的一部分。我们不能逃避痛苦，要试图通过反思而不是反刍来理解它。

反思过去并询问自己可以学到什么，对我们大有用处。反思是细致斟酌正在发生的事情，不做任何情绪判断。而反刍是反复对过去进行强迫性的、消极的回顾，进而将自己困于情绪所构筑的流沙陷阱。反思是看到隐患，注意隐患，并使用这些经验来引导今后的发展。

反刍就像是火上浇油。以下是典型的反刍思维：**我是个差劲的爱人，放纵自己，所以她才离开我。我应该更大胆一些。我不应该抱怨那么多。我过去很差劲，我现在还是很差劲，我一直都很差劲，我再也找不到伴侣了。反反复复，不一而足。**

反思是注意和观察自己的想法和反应，而不急于相信或批评它们。反思与疑惑有关，以下是反思的表现：我应该告诉她我的感受，而不是再次拒绝她。我又开始说自己"应该"干什么了，我好像经常这样做。我需要改变我的沟通方式吗，还是我又开始评判了？

正念的基本原则：
- *在感受的时候，要意识到感受的存在。在思考的时候，也要意识到思考的存在。我们可以通过刻意练习集中注意力，做到这一点。冥想是其中一种方法，但不是唯一的方法。现在有很*

多关于冥想的内容，甚至有专门介绍冥想的书籍。我主要关注的是其他正念策略。

我们来回顾一下在认知行为疗法部分列举的案例（我担心伴侣出轨的例子）。以下是我们针对这种情况可以运用的正念策略：

- 我开始写日记；当我因熟悉的伴侣出轨、孤独和被拒绝感到恐惧时，我会写下我的想法和感受。我不会提出质疑，只是关注当下正在发生的事情，并记录下来。我写下那些感受、想法以及信念。我把它们串联在一起，不评判它们，也不会告诫自己停止思考或感受。我记录得越多，就越能注意到它们，直到我不再需要提笔记录。当我注意到这些感受和想法之后，我会做3次深呼吸，关注这种感受的变化。我提醒自己，我的想法和感受是我的家庭为我撰写的人生故事的一部分。我接受这一点，但我也决定不继续书写同样的故事，因为现如今，我已经不再相信这样的故事。我会在一天结束的时候写日记，把我所有的观察都写进一个连贯的故事。我想象自己像放飞氢气球一样，放飞自己的思绪。

> - 我把我的想法想象成路过的汽车。我察觉到它们在我的脑海中飞驰。我任其出现，又任其消失。
> - 我察觉到自己为过去的痛苦故事所困，我想象着它正剥离我这个核心人物。我把它想象成我人生之书中的一个章节，但我要翻页了。我提醒自己，我现在已经走出来了。
> - 我每天都会花几分钟的时间专注于正在做的事情，体验当下，去感受，去觉知。
> - 吃饭时，我不再看手机、电脑和电视。我会不慌不忙，一边咀嚼一边享受食物的味道。我开始一次只做一件事，不再一心多用。我还为自己设置了远离科技（产品）的时间。
> - 我会问自己是否需要做些什么，或者我的想法和反应是否只是自己制造的痛苦。

自己制造痛苦是最棘手的。就拿我一直在用的例子来说，也许我关注的是我感到多么无助，是我自己让情况变得更差。当我通过反刍、自怜，不断告诉自己事情有多凄惨而使情况变得更糟时，我就给自己制造出了痛苦，这种"自制痛苦"也称为"第二支箭"。

5 第二支箭

现在,请将自己代入下面这个故事。今天天气很好,你在树林里走着。你正享受新鲜空气,全身心放松。突然,你被一支箭射中,它直接穿过你的身体,你疼得要命。你完全被吓坏了,这是什么鬼?!

箭射中你已然是个事实,你改变不了它,也无法控制它。这部分故事已经完结。然而,接下来的事情会在你的掌控之中。当你开始抱怨:"为什么会发生这种事?天啊,这要是把我手臂射飞了该怎么办?万一感染了呢?谁给我支付医药费?到底是谁干的?!"你就向自己射出了第二支箭,平白制造痛苦。第二支箭的概念是每章"消除一切废话"练习的基础。当你因反刍、悲伤或自怨自艾而造成或增加自己的痛苦时,我希望你可以让自己清醒过来。因为这完全是在浪费时间,而你需要的是继续前进。

如果我们的痛苦是自己造成的,那就接受它,顺其自然。我们会察觉到大脑在评判,并称之为事实。我们需要提醒自己，有时这些事情会引发我们对过去痛苦的记忆，但我们并不需要负重前行。记住，消极情绪并不意味着我们做错了什么。也许，这种消极情绪源于过去的故事情节，只不过现在才开始在我们的脑海中发挥作用，告诉我们要取悦他人、必须努力修复关系或者需要感到有价值。

在理想情况下，我们应该学会倾听自己当时的感受，这样就能更容易地识别自己的情绪负担是什么。这种新的觉知会让我们只注意到正在发生的事情，而不作回应。我们要学会对自己说：

- 放下吧。
- 顺其自然吧。
- 事情就是这样。
- 它已经发生了。
- 本就该如此。

正念是一个强大的工具，但需要我们不断练习，付出巨大的努力和时间。如果把正念和认知行为疗法结合起来，效果会更好。我们可以在不同的情况下选择最适合自己的策略。关键是要弄清楚什么对自己有效，什么时候效果最好。

但是别急，我们还有更多的策略！

6 积极心理学

虽然积极心理学自 20 世纪中期存在人文主义发展以来就已经出现,但正式的积极心理学运动始于 20 世纪 90 年代末。积极心理学研究和应用与幸福、满足、满意、乐观、希望、意义和其他积极情绪状态相关的因素。迄今为止,心理学研究的大多都是出现的问题,并且这种趋势仍将持续。我们很容易忽视人和环境的积极面,而这恰恰是给我们带来幸福感的东西。我们有时会忘记关注那些强大、正确和运作良好的事物。这就是积极心理学研究的重点,也是本书的基础。大多时候,我们都过于关注消极的一面。如前文所述,我们大脑天生如此,但也并不都是这样。

积极心理学有时会受到无理的苛评,因为人们错误地将其概述为"**别担心,要快乐**"。积极心理学并不是简单地告诉自己要去想快乐的事情,忘记消极的想法。快乐不是在我们不快乐的时候假装快乐,不是无视生活中可能导致不快乐的事情。如果我们选择忽视这些事情,那么任何事情都不会得到解决。更确切地说,积极心理学是研究什么使人快乐健康、如何改善情绪的科学。虽然有些东西是遗传、固定的,但积极心理学研究的是如何传授并改变它们。

目前,人们正大量研究积极心理学在心理和生理健康方面的不同应用。下面列举了部分普遍的积极心理学技术。

- 坚持写感恩日记,定期记录自己所感激的事情;
- 给那些影响过你生活的人写感谢信;
- 多进行积极想象,实践能鼓舞人心的、积极的自我肯定;
- 践行善举。

这些活动的目的在于有意识地关注积极情绪。我们很容易忽略美好的事物,只关注消极的一面。积极心理学可以让我们在生活中更有意识地增加积极情绪。

积极心理学技巧可能会与认知行为疗法和正念重叠。例如,有时我们会注意到消极想法,并试图用自我肯定或积极想法取代它们,或者用积极的自我对话进行反驳。有时我们会因为和积极向上的人在一起而分散注意力,或者我们会注意到自己花太多时间和消极的人在一起而被影响。积极心理学更像是一种可以与其他治疗方法相结合的哲学。

但再等等,我们还有更多的策略。可以说,从这里开始,我们就要来真的了,内容会更实用。

7 脏话反转

我在应用认知行为疗法、正念和积极心理学方面都取得了成功。有一天,我突发奇想,决定要把幽默和脏话也作为积极心理学技巧,尽管我还没有看到任何研究明确指出"要在实践中添加脏话元素"。

我的核心信念是遵守规则,所以我经常会想自己可能会因在治疗室里建议咨询者说脏话和幽默而被解雇。我决定查阅文献以寻求支持。不可否认,相关内容并不是很多;但令我惊讶的是,这确实被证明是一个有效的科学研究领域。

对此,我的自我对话是:哇,看来你还没疯。

8 脏话和幽默

如果大家正在读这本书，我不必很努力说服，大家就能接受"说脏话可以帮助自己感觉更好，效果更好"的说法。不过，我还是来证明一下说脏话有助于健康这一说法还是有科学依据的。

我相信你和我一样，从小就被告知说脏话不好。人们认为脏话粗俗、无礼、叛逆、不敬、冒犯，甚至邪恶。我们并不希望孩子们做这样的事情。

作为孩子，我们知道骂人是对人不尊重的，是一种流氓行为，是被禁止的。说脏话仿佛是成年人的一种特权行为，因为成年人应该足够睿智，可以决定何时何地使用脏话。成年人应该有能力谨慎地使用脏话，而不是把所有可能的想法都说出来。

脏话的禁忌性质正是它如此有效的原因。如果我们学习把咒骂作为日常语言的一部分，它就不会有如此强大的功效了。我们把说脏话的机会留到了真正想强调或引起注意的时候。

哈佛大学也在研究脏话，这意味着真正聪明的人认为痛骂是有价值的。根据神经语言学家史蒂芬·平克（Steven Pinker）博士的说法，咒骂有多种功能。脏话可以是：

- 恶意 旨在恐吓或冒犯他人；
- 宣泄 旨在释放压抑的情绪；
- 贬低 旨在传达对某一事物的负面印象；
- 强调 旨在强调一个观点；
- 口头禅 没有什么特别的指向，就是一个日常词汇。

说脏话也可能增加我们在状态欠佳时的控制感。它会让我们感觉自己并非只是一个受害者，会更有力量。咒骂会对心理产生积极的影响！

本杰明·伯根（Benjamin Bergen）博士写了一本关于脏话科学研究的书。显然，多项研究结果表明，骂人有利于健康，尤其会增加我们对疼痛的耐受力。我不骗你。

具体试验场景：设置对照组，对两组人都进行疼痛刺激。其中一组被告知当他们感到疼痛时要使用脏话，而另一组则使用中性词。被要求说脏话的那一组忍受疼痛的时间明显更长,而且总体上对疼痛的感知程度也较低。

该理论认为,大脑处理脏话的方式与日常用语不同。与咒骂有关的自动生理反应(或者应该说是"情绪的释放")使人们能够忍受更多的痛苦。

让我进一步挑战一下人们的"认知"极限。有证据表明,人们认为为了强调而说脏话的人更真诚。当试验者要求参与者阅读故事或分享观点时,听众会认为那些被要求在叙述中夹杂脏话的人更可信、更有说服力。

密歇根州最近的州长选举就是一个实例。其中一位候选人通过强调公众对极差路况的抱怨来充分表达她的观点。在她的竞选词中,反复提到我们需要修复这些"该死的道路"。而她之所以赢得竞选,部分原因是她捕捉到了公众对政府疏于维护基础设施的普遍不满。人们认为她是真正有干劲去做实事的人。在这种情况下,脏话其实是一种真诚热情的表现,目的是说服那些可能会质疑其真实性的观众。

谁能想到脏话除了不符礼仪,还有其他积极的功能呢?我认为随意使用脏话并不能改善情绪:我们一直讨论的是刻意使用带有幽默意味的脏话,旨在减轻情感痛苦。我再次强调一下"刻意"这个词。我想说明的是人们需要进行科学研究,设计临床干预措施,以改变消极的想法和感受。

蒂莫西·杰伊（Timothy Jay）博士调查后认为，说脏话能起到宣泄情绪的作用，并且将脏话和幽默相结合能让人感到宽慰。事实上，杰伊博士还认为，说脏话可能会降低人的攻击性，因为使用针对性脏话的人会借此释放愤怒，这大大减少了其采取暴力行动的可能性。

骂人总会让我联想到大笑，这可能是因为我内心某种不恰当的叛逆。

9 幽默和脏话

我早就听说，幽默和笑声是消除负面情绪的解药。我认为这就是积极心理学。有研究早就证明，幽默能有效缓解抑郁、焦虑和睡眠障碍，减少现实威胁，进而缓解压力环境下的紧张情绪。幽默具有宣泄作用，是一种积极的应对技巧，也是我们在现实世界得以生存的必要技能。

失谐理论（incongruity theory）认为，遇到违背预期的事情或发现具有威胁性的事物（例如，我们意识到倒霉的事情发生）时，我们可能会笑，以使这种威胁更容易控制。其他证据也支持这一观点。前人的研究表明，**不恰当**的幽默有时会更有效。

说到"不恰当"，有什么比用脏话和幽默来反驳自己更不合时宜的呢？

伯顿（Burton）认为必要的脏话能给人以启示，在推动社会规范的同时增加轻松感。此外，说脏话和幽默有助于与他人产生共鸣，可以让我们坦诚地表达自己的感受，秉持风趣的人生态度。当我们用幽默来取笑自己时，可以改善与他人的关系，增加对犯错的容忍度。

最重要的是，必要的脏话是一种自我表达形式，是一种积极的压力应对工具，也是一种与周围人联结的方式。

10 小结

本章旨在帮助大家理解心理学中一些能让我们感觉好起来的最佳工具。认知行为疗法已经存在很长一段时间了，得到了广泛的研究，也很有效。正念和积极心理学最近受到了很多关注，更通俗易懂，很容易与认知行为疗法兼容。幽默和脏话尚未成为主流。

所有这些工具都很好用，但如果用一种更统一的方式把它们组合在一起呢？如果它们可以让你一眼就觉得有用又**有趣**呢？接下来便是 MOMF 了。事情就变得超级有趣了。

第 2 章

恋爱脑，翻篇吧

恋爱脑，翻篇吧或者 MOMF 是我对第 1 章所提想法的一种略显俏皮的"曲解"。在知道"针对性用好脏话对心理有益"这一说法已获科学研究支持后，我们会发现它是一个正当合规的策略。我在这里谈论的不是乱七八糟的粗俗谩骂，而是基于证据的策略。

1 MOMF

我会假设正在阅读这本书的读者不会被脏话冒犯到。我写过很多关于合理使用脏话来促进心理健康的内容,如《恋爱脑,翻篇吧:活着、笑着、放手吧》[①](*Move on Motherfucker: Live, Laugh, and Let Shit Go*)这本书。"恋爱脑,翻篇吧"也是我本人在心理咨询实践和生活中使用的一种技巧,我将其简称为 MOMF。

我对很多咨询者都使用过 MOMF,但我发现人们在分手后尤其容易接受这一策略。我认为这是因为在我们见面的时候,他们已经输出不计其数的脏话了,这似乎是一种再自然不过的演变。

分手带来的疼痛过于沉重,四处漫溢。这时,我们会寻找另一层级的语言来捕捉痛苦的本质。虽然痛苦无法消失,但咒骂总比放火烧房子好。实际上,它是一种非常有

---

① 书名自译,国内尚无中文版。

效的释放疼痛的方法。

需要明确的是，MOMF 并不是简单地在已有的循证技巧中添加脏话，而是一种具有意向性的意识形态。有一个前提就是，我们每个人都要对自己在痛苦中扮演的角色负责。言下之意，我们选择了扮演恋爱脑的角色并允许自己随时停止或改变。当我们扮演情境的受害者时，刻意使用脏话就成为我们对自己负责的一种方式。

如果在一段关系中，你已经感觉到了伤害，为什么还要进一步伤害自己呢？MOMF 就是要帮助大家认识到自己在做什么，从而清醒过来。

当我叫你"**恋爱脑**"的时候，请不要生气。因为它对我来说就是个褒义词，就像"朋友"这个词一样。我想告诉大家的是要继续前进，战胜自己，因为你们才是那个阻碍自己前进的人。也就是说，你在成为一个"**恋爱脑**"。我是怎么知道的？因为你是个人，人类就是这样的，并非生而理性，会打压自己，会评判，会想太多，会太在意别人的看法。换句话说，是我们自己挡了自己的路。

只有唤醒自己，对自己负责，对自己微笑，接受自己身上的人性，才更有可能痊愈。这就是自我关怀（self-compassion）。

你有这个能力，你才是自己的负责人。无意识想法不会决定你的命运，你甚至不必与其争论。你只需要笑着对自己说:"你赶紧闭嘴吧!我才不会听你的,恋爱脑!"

正如伊丽莎白·莱瑟(Elizabeth Lesser)所说,我们都只是"公交车上的笨蛋"。我们不能认为只有自己的生活是一堆烂摊子,那样只会让我们感觉孤立无援。实际上,让所有乘客都无忧无虑的"公交车"是不存在的,告诉自己其他人的生活一帆风顺,只会引发痛苦。世界上只有一种"公交车",我们所有人都在上面,**带着**独属于我们自己的那本"难念的经"。

这些都是赋能思维,因为它们可以强化自主性、控制力和选择权。

2 搞什么鬼

因此,虽然父母可能会教导我们,说脏话会让你看起来像个不良少年,但科学界认为,脏话在交流中可以发挥积极作用。事实上,脏话甚至可以向别人表明你的真诚和可信。俗话说,凡事要讲究时间和场合,明智地使用脏话会使其格外有效。

《我们为什么会说脏话》[①](*Swearing Is Good For You*)一书的作者艾玛·伯恩(Emma Byrne)认为,脏话不应该成为常用语,因为一旦它成为常态,就会失去威力。伯恩建议只在"社交和情感必要"的情况下,娴熟地使用脏话。

当读到这些的时候,我想:**哇,就是这个!我就知道!**

尽管如此,我不知道还有谁会在为患者提供咨询时,

---

① 该书已在 2019 年 7 月出版。

使用这些信息。我在学校里没有学过相关知识，没有在期刊上读过类似内容，也没有从同事那里听说过这种策略。在最近的各种会议上，也没有人讲过这一点。我只知道脏话、幽默、认知行为疗法、积极心理学和正念对我和我的患者都有效，尤其是对那些需要走出失恋的人。他们有太多压抑的情绪和痛苦，大脑完全被消极的想法和痛苦的感觉所吞噬。

在这本书中，我会将 MOMF 原理特用于失恋这一情况。我会使用认知行为疗法、正念、积极心理学，当然还有脏话和幽默来帮助人们更好地理解发生了什么，是怎么发生的，下一步该怎么做才会感觉好起来。这是一个复杂的过程。

感兴趣吗？那请继续阅读吧。

第 2 章 恋爱脑，翻篇吧

3 MOMF 的奥秘

MOMF 融合了认知行为疗法、正念、积极心理学、幽默和脏话，创造了一种更高水平的宣泄方式，旨在减少干扰我们成长的心理痛苦。

首先，大家要确定自己的核心消极信念、遗传倾向以及消极自我对话模式，这就是认知行为疗法。各位会成为捕捉消极想法的专家，并将这种自我对话标记为隐藏的恋爱脑。当注意到自己在听消极的、挑剔的、批判的、痛苦的自我对话时，就要唤醒自己，别让自己成为真正的恋爱脑，以不健康的方式行事。决定从此是否可以前行的是MOMF。"恋爱脑"这个词可以用来嘲笑自己在问题中所扮演的角色。这部分属于幽默和积极心理学。它让我们认识到自己在问题中的作用，并对自己的提升负责。正念是积极地寻求放手，结束对第二支箭的滥用。

MOMF 是保持觉知，接受自己正在主动制造和延续痛苦这一事实。只要准备好了，你就可以随时停止这种行为。这种意向性是成功的关键，会让我们在自己的角色中感受到改变的力量。它代表希望和效率。

我想再强调一遍：称呼自己为"恋爱脑"完全没有贬低的意思。这不是一种辱骂。我觉得"恋爱脑"这个词是可以和"朋友"互换的。它让我们可以像知己一样与自己交谈，可以对那些自我挫败的选择说："够了，真的已经够了。"

第 2 章 恋爱脑，翻篇吧

4 蒂诺对 MOMF 的应用

这是蒂诺一年内第二次分手了。他已经 30 岁，觉得自己已经没有多少时间可以浪费了。他想结婚，然后生一群孩子。工作虽然进展顺利，但他觉得自己的个人生活糟透了。蒂诺开始连续几天酗酒，但这并没有让他感觉好起来。他的朋友们建议他去脱衣舞俱乐部看看，但他已经尝试过，并没有什么好结果，他还是一样孤单。

他有一个核心信念，即男人在 26 岁的时候就应该拥有一段稳定的关系。他觉得自己显然不是一个理想的伴侣，否则他就会像其他朋友那样结婚了。他的自我对话很消极：我是个失败者，没人要我。

> 蒂诺决定采取 MOMF 策略，主要的做法：
> - 他提醒自己，自我感觉是个失败者并不代表他就是一个失败者。他告诉自己，再次分手确实

让人失望，但事情已经过去了，结束了，成为历史了。难过是正常的。此时此刻，他能控制的是要用第二支箭刺自己多长时间。

- 蒂诺把他扮演的角色称为"恋爱脑"。那个"恋爱脑"自怨自艾，不断惩罚自己，而这只会让失望更真实，并且与日俱增。

- 他写下了抗辩陈述和肯定宣言。他强迫自己起床锻炼。蒂诺承认他的前一段关系不过是一个权宜之计。他并不是真的那么喜欢他的女朋友，但他希望她能有所改变，因为他帮她成长了。他允许自己失望，感受痛苦。他开始根据自己的实际情况，观察自己想要改变的地方。

- 蒂诺接受了那一刻的自己，而不是他害怕或幻想的自己。他开始变得诚实，正视自己得到的经验教训（例如，他永远不应该退而求其次，他不能改变别人），并着手提升自己，他制订了一个继续前进的计划。

- 他开始写感恩日记。每天，他都把自己感激的事情记录下来，并设定了为别人做一件好事的目标。

- 蒂诺用粗俗的言语来反驳自己那消极的自我对

第 2 章 恋爱脑，翻篇吧

话，尽情地嘲笑自己的自怜。他想象了一下最好的朋友会对自己说的话："嘿！你必须争取自己想要的东西。这需要时间和精力，你居然还敢退而求其次。麻溜儿滚远点，过你自己的生活去！"每每想到这，蒂诺都会笑起来。当他想象自己发脾气时，也会试着拿自己开玩笑，从中看到自己的幽默之处。这也直接让他笑出了声，因为他想起了过去那些让他做出疯狂行为的事情。蒂诺这样反驳他的消极自我对话：事情没有按计划进行，但你并非无助啊。

- 蒂诺使用"MOMF"话术来释放他过去紧握不放的痛苦。他说："这一切都糟透了，但这显然是注定要发生的。这对我来说又意味着什么呢？别再让事情变得更棘手。赶紧行动起来吧，你这个恋爱脑。"

- 他用以下这些想法脱离了痛苦：不管你喜不喜欢，事情就是这样。生活要向前走，你不能放弃。他继续想：显然，命运并不是针对我。我想我其实是躲过了一劫。世界上还有更适合我的人，但躺在沙发上什么也不会得到。我需要行动起来，这样我就能做好准备。那么，我需要做哪些改变呢？

- 他用积极心理学来鼓励自己。他使用一个在线表情包生成器，给塞缪尔·L.杰克逊（Samuel L. Jackson）的图片编辑了一些脏话和积极的教练陈述，做成了有趣的表情包。每当他感到沮丧的时候，都会用这些表情包让自己开心起来。蒂诺把它们贴在了房间各处。
- 蒂诺还决定做一个感恩罐，强迫自己每天想起一件令他感激的事情。
- 他强迫自己站起来四处走动，给朋友打电话。
- 他设想了一下最坏的情况，那就是一直单身。他问自己能否在现实中应对这种结果。他设想的时间越长，感觉自己越容易应对。蒂诺决定领养一只动物，来帮助自己减轻孤独感。不断设想最坏的情况强迫蒂诺习惯了那些可怕的想法。只要他不持续添油加醋，恐惧就会逐渐消失。一旦蒂诺习惯了，他就可以使用 MOMF 了。另外，最坏的结果可能不会发生。万一发生了，他会有所准备；不发生的话，就会如释重负。
- 他问自己：如果我知道自己今天会死，我还会

> 浪费一分钟去想这些破事吗？如果答案是肯定的，那就意味着他还有未完成的事情要处理，如道歉或请求原谅。如果答案是否定的，那么他应该让这些事翻篇了。因为当下他只是在折磨自己、在自虐，这对任何人都没有好处，有时因为很多担心完全是浪费时间。设定这样的背景通常有助于我们想得更清楚。

在使用MOMF策略过程中，我们会逐渐理解一些自己无法根除的非正常思维模式，因为它们是我们在生命早期从情感上习得的，如取悦他人或感觉自己不够好。换句话说，我们从小就被灌输了这种思想。

我们可以承认这些模式的存在，并在自己身上发现它们（正念）。当源于非正常思维模式的消极自我对话出现时，我们可以说这是洗脑（正念）。你知道听从那些自我对话会有什么结果（MOMF），你会再次失去理智。成为疯子不是什么好事，会说不想说的话，做不想做的事情（认知行为疗法）。从过去的经验中吸取教训吧（正念）。不要这样对自己。在积极心理学中加入感恩和肯定宣言会得到意外的收获。

《恋爱脑，翻篇吧：活着、笑着、放手》这本书里有更多关于如何使用 MOMF 策略解决各种问题的技巧。它会带给你更多的实践机会，教你将这些技巧应用于生活的诸多领域。这本书只与你，以及你的失恋有关。

5 实现方法

此刻，我强烈建议大家开始写日记。因为写日记可以帮助各位识别自己的核心信念、自我对话、恋爱关系和生活主题，会帮助大家组织想法和自我反思，还会帮助大家跟踪自己在一段时间内的进展。写日记是一个非常有效的工具，我建议大家做大量的写作练习。别担心，没人会在乎语法或字迹。宝贝，这一切都是为了自己。

现在请把日记本拿出来。读完这篇介绍后，问问自己能识别出哪些关于自己、他人和世界的不正常信念。核心信念会产生什么样的消极自我对话？这些是如何影响恋爱关系的？他们如何影响自己对恋爱关系的看法？目前，这一过程还处于早期阶段，但有什么是需要我们开始做出改变的呢？

把这些写在日记里，看看会涌现什么感觉；再深入研究一下，看看会发生什么变化。

人们经常问我如何写日记，方法并不是唯一的，只需写下脑海中浮现的想法和感受即可。当你过于担心**如何**做时，就陷入了评判的泥潭。内容没有什么对错之分，只是自我探索，去该去的地方。察觉它，获得启示，然后再决定自己想要做什么。

推荐书目

[1] David D D. The Feeling Good Handbook[M]. London: Penguin Books, 1999.

[2] Harris R. The Happiness Trap[M]. Wollombi: Exisle Publishing Limited, 2008.

[3] Eckleberry-Hunt J. Move on Motherfucker: Live, Laugh, and Let Shit Go[M]. Nashville Tennessee Temple: Turner Publishing Company, 2020.

第 3 章

你会活下来

我需要告诉读者很多内容，但当务之急是解决其中最重要的部分。我明白，一分手大家想的都是如何熬过这一天。最艰难的事莫过于"活下来"。

走出失恋　分手自我治愈指南

1 珍妮的故事

　　珍妮看起来像一名刚经历过自然灾害的幸存者。她头发蓬乱，穿着瑜伽裤和一件大号运动衫。这本来没什么问题，但这套衣服看起来像已经穿了一个星期，上面甚至还沾着食物污渍。她的脸部浮肿，眼睛肿胀，眼泪不停地顺着脸颊流下。事实上，由于过度痛苦和悲伤，她总是深深啜泣，连开口说话都很困难。

　　这一切都源于两天前那个夜晚，珍妮交往了5年的男朋友为了别人离开了她，而她对此毫不知情。虽然她知道最近这段时间两个人的关系似乎有些变质了，但她没有想到竟然差到<u>这种</u>地步。男方根本不愿和她沟通。她感觉自己的心都被掏空了。这几天，她吃不下东西，也不去上班，除了哭什么也没做。

　　珍妮总是走神，所以只能偶尔跟人聊上一两句。她说一不留神几个小时就过去了，自己也完全不知道期间发生了什么。如果能入睡，这种情况就会缓解，但睡眠总是断断断续续，并不持久。然后，她又会在那种伤心到想吐的不适中醒来，惊觉噩梦已成真。

在第 4 章，我会讲述更多关于从失恋中活下来以后的事情，让大家看到更多希望，因为这段难熬的时光终将过去。然而，现在这些都不重要，因为分手带来的强烈窒息感，会让人感觉身体很难受。他们无法想象自己要如何走出来，重新开始生活。与挚爱分手会让人痛彻骨髓，甚至很难清醒地思考。因此，我们此刻先关注如何向自己伸出"救命"的援手吧。

这一章讲述的内容是如何活下来。

2 基本要素

首先,恭喜各位翻开了这本书,这并不是说它会改变生活或什么东西,而是让人有事可做。这才是最重要的。我们已经身处战场,正所谓做一天和尚撞一天钟,即使一天只能读几页,也没关系。只需尽力而为,而且我们做的每一件事都有它的意义。

我并不想像父母对孩子那样耳提面命,但在这种时候,人们可能需要他人来提醒自己如何行事——稳扎稳打,一步一个脚印。如果这一章对你来说过于初级,可以跳过这部分内容,因为它更侧重于分手初期。

我总是对刚分手就踏进我办公室的人说:"你会好起来的。一定会的!虽然我给不出确切的时间,但它必将发生。"

我明白大家都想知道接下来会发生什么。

一般来说,分手后的前两周最难熬,当然这并非固定规律。之后,人们虽然还是难以接受,但会逐渐看开。1个月后,即使依旧伤心,受到的伤害也会慢慢痊愈;3个月后，就会感觉好得差不多了。

我这样说并不是因为我可以预测未来，而且这一走向也不完全适用于所有人。这只是我与失恋者打交道得到的经验。这类指南可以成为支撑我们走下去的参照，会让我们对疼痛减轻的时间有所预期。这便是希望所在。

这个粗略的时间表**只有**在停止与前任联系的情况下，才成立。有时候人们来找我，开口就是："我和女朋友分手了，但我们还在聊天和发短信。"好吧，这可不是"分手"该有的样子。只有恋爱关系彻底结束，两个人不再联系，伤口才会开始愈合。每一次不必要的接触都是"伤上加伤"，只会让我们所有的努力前功尽弃，不得不从头开始。

有时候，我希望世界就像我刚才说的那样非黑即白。然而事实并非如此。如果两个人已经同居或结婚，就有必要沟通财产分配问题，有时还会牵扯孩子的监护权和探视权。有时，生活就是不允许我们完全停止交流。

如果能结束互动，就结束；如果不能，就需要控制接触的频率和程度。有些人可能需要沟通孩子的探视事宜，但不必了解对方的社交生活或日常烦恼。前任看似有用的问候和关心短信没有任何帮助，只会扰乱我们的思维，让我们揣度他是不是还在乎自己，分析他为什么会想到自己。我们会停下手头的事，告诉自己这个人多么体贴，分手多么遗憾，然后自忖也许这一切并没有真正结束。

重点是任何交流都会让过去的人和事浮现在脑海，令我们痛苦万分，所以需要停止这种行为。

有时候，前任会发很长的谴责短信痛斥我们，想故意挑起事端。我的建议是：**删除**。有些事情可能需要我们注意，但也有很多不再值得挂念。不要再在乎那些对我们没有影响的问题，也不要再介意别人的意见和批评。我们没有义务再听那些废话，也不需要强忍痛苦跟对方打招呼。

尽可能设立并坚守边界。如果对方不尊重我们的边界，就直接将其拉黑屏蔽。这并不是无礼，而是自我保护。这样做以后，我们可能会惊讶地发现自己需要沟通的内容远比以前认为的要少。

坦白讲，我不相信分手后**还能做朋友**。两个人之间已经发生太多事，牵扯太多情感。此外，如果其中一方分开之后和别人恋爱了，想必那个人不会同意自己的爱人与前任保持友好关系。我们为什么要把过去的包袱带到未来呢？

让我们更诚实一些，问问自己分手后的"友谊"还能算是真正的友谊吗？我对此表示怀疑。

抱歉，有些跑题了。我的意思是我们首先要做的是将接触限制在绝对必要的范围内，而且我们能控制的只有自己的行为。

当一个人正享受难得的平静时，前任突然的联系只会带来痛苦。这就好比你在安静地冥想时，四周突然响起刺耳的摇滚音乐。尽管其本意可能是想提供帮助或者并无恶意，但意想不到的接触会再次唤起我们的记忆。人们难以预料接下来会发生什么，随时都有可能触景生情。有时，这些干扰只是为了让事情激化或者继续有害的对话；这完全没有必要，尤其是在感到如此无助和受伤的时候。如果可以，请将前任彻底屏蔽：不发邮件、短信，不打电话。有时，这甚至有助于我们排除杂念，因为大脑可能潜意识地期待听到前任的消息。如果前任被屏蔽，我们就不用担心会产生任何联系了。

3 存活技能

和伴侣彻底分手后可以参考以下生存指南。

（1）制定一个很基本的日程表

即使不想起床，也要设定起床时间，再不喜欢也要爬起来。即使不需要装扮整齐，也要穿好衣服。把需要离开住所的事情列入日程；和朋友一起制订计划；出去散步或者吃饭；跑一趟商店。不能一边说着"我就是不喜欢"，一边把这些事情从日程表上划掉。

（2）设定一个日常目标

如果有雄心壮志，可以设定多个目标，把它（们）写下来，贴在冰箱上。在每天结束的时候，勾选已完成事项，已经算是进步了。尤其要记下一件或多件值得庆祝的事情，如进展顺利或者处理得很好的事情。我们甚至可以庆祝自己一天中大部分时间都没有哭，这也是一场胜利。

（3）学会分散注意力

当思绪不受控制地飘向前任，眼前浮现对方的身影或者开始琢磨对方的想法时，一定要特别注意。要学会分散注意力，不去关注那些意象或想法。如果大喊"该死的"能有所帮助，就大声喊出来。这其实是一种叫作思维阻断的认知行为疗法。我们都喜欢科学，不是吗？

（4）不要让自己陷入悲伤的情绪

不要听悲伤的歌曲，不要看悲伤的电影，不要看自己和前任在度假期间拍摄的照片，远离社交媒体。现在不是关注这些的时候，反而是把前任照片从墙上或桌子上拿下来的好时机，这样视线所及的范围就不会出现对方的身影了。现在没必要在自己的伤口上撒盐。

（5）不要饮酒或使用影响精神的东西

如果醉酒，你有可能会打电话、发短信或跟踪前任，并且大概率会说一些让自己后悔的话。之后一天的宿醉更会带来双重影响，不仅身体难受，还有精神上的悔恨。这实在不值得。

（6）向朋友寻求帮助

给好朋友打电话或发信息，告诉他们发生了什么，但不要一遍又一遍地给每个人重复那些令人不快的细节，因为这样做无济于事。告诉他们要点，说你需要他们，并清楚表述具体想从他们那里得到什么。不同的朋友可以提供不同的帮助：也许有人能让我们笑，有人善于倾听，有人会把我们揍到清醒。现在就去建立自己的"支持体系"，把朋友列入必须遵守的日程，不要取消其中任何一项。

（7）每天给自己安排至少 30 分钟的有氧运动

瑜伽也可以舒缓情绪，只要确定是有氧运动就行。大自然也有治愈的作用——呼吸新鲜空气，享受被生命力包围的感觉，可以去户外散步、骑自行车，无论如何一定要动起来。

（8）如果感到不堪重负，建议尝试可以让人平和下来的观想（visualization）

我特别喜欢贝拉露斯·纳柏斯蒂（Belleruth Naparstek）的观想作品，非常的柔和、舒缓。网站上有贝拉露斯的音频《心碎、抛弃和背叛》[①]（*Heartbreak, Abandonment & Betrayal*），也可以在网站上找到免费的观想视频，但我个人更推荐贝拉露斯的作品，因为它们真的很治愈。

（9）如果感到无所适从，冥想是一种让大脑保持专注的好方法

睡前可以试试乔·卡巴金（Jon Kabat-Zinn）的身体扫描，可以在网上免费观看该视频。如果有人需要安抚自己的情绪，可以随时做这样的练习。一旦喜欢上，也许我们会将冥想作为日常活动。如果你有这方面的意愿，网上还有很多内容，并且出版了不少图书。除此之外，还有关于冥想与睡眠的应用程序，也是很受欢迎的冥想平台。

---

① 音频名称自译。

（10）如果被情绪淹没，请做5次非常缓慢的深呼吸

深吸一口气，直至腹部凸起。屏住呼吸5秒，然后慢慢呼气。边做边告诉自己："我很好，没事儿，这一切都会过去的。"

（11）每天都对自己好一点

买一杯最喜欢的咖啡，吃一道最喜欢的菜，给脚趾做个美甲，点一支香味浓郁的蜡烛，或者请自己看一场电影。就这样每天进行一些自我关怀，坚持两周。我们可以等待别人为我们做这些事，也可以直接满足自己当下真正的需求。

（12）每天登录自己喜欢的网站，寻找新的肯定宣言

这些肯定宣言可以是说给自己听的箴言，也可以是具有启发性或励志的警句。把它贴在冰箱上或写在日记里，同时写下对这句话的反思并牢记于心。就像辅助驾驶一样，让它时刻提醒、帮助自己保持专注。

（13）读书

可以买一些关于接纳、体验生活的起起落落和寻求安宁的书，每天读一两页，有助于舒缓我们的情绪。

（14）捕捉消极的自我对话，写下来，反驳它

斥骂自己内心的"霸凌者角色"，让"法官角色"闭嘴，善待自己。向受害者角色伸出援助之手，拉他起来，掸掉他身上的灰尘，并且给他赋能。在有人受伤之前，把第二支箭直接掰成两半。

4 惊恐感

感觉自己快要崩溃了是很常见的经历。我们可能会头晕，心跳加速，觉得无法呼吸，这就是惊恐发作。而且我需要告诉大家一件非常关键的事：惊恐发作通常会在 10 分钟或更短的时间内结束，请牢记，一切都会过去的。熟知这一点很重要，因为惊恐发作的体验极其不适，我们真的觉得自己会晕厥。请把这一过程想象成大脑在说**我超负荷了，我必须要在这时释放一些能量**。

人的大脑是为了生存而构造的，为了让自己活下去，天生就具有一种叫作"战斗或逃跑"（fight-or-flight）的反应。这一反应指大脑向身体的其他部位发出信号，准备击退威胁或拼命奔跑。这些信号不但会使我们的心率、血压和血糖升高，还会产生许多其他生理反应，战斗或逃跑反应在我们发现任一威胁的时候都会出现。我们的大脑并不总是会区分这种威胁是由抢劫还是感到孤独产生的。

分手后极易经历惊恐，尤其在心态已经失衡的情况下，惊恐发作会更加可怕。

> 以下是一些应对惊恐和惊恐发作的建议：
> - 告诉自己会过去的。
> - 不要试图与之抗争。越对抗，感觉就越糟。
> - 深呼吸：用鼻子慢慢地吸气，然后用嘴呼气。
> - 调动自己的五官：描述周围的所见所闻，触摸一些东西，问问自己感觉如何，描述身体不同部位的感觉。
> - 跟着引导做一次观想。

减少惊恐发作的最佳方法是确保自己在生活中进行有规律的有氧运动，这将有助于减少体内的紧张感。

5 实现方法

想想自己过去如何应对那些毁灭性打击（不局限于分手），什么能让我们平静下来？现在什么东西能舒缓我们的情绪？想让自己感觉好起来，就列一个具体事项清单，把这些想法都添加进去。

我们一开始的节奏有些缓慢，不会从彻底崩溃直接跳到可以享受美好时光的程度，要避免出现非此即彼思维，先做确定好的小事情，直到我们感觉自己更强大了，可以把这个过程想象成流感的康复过程。尽我们所能，但不要把自己逼得太紧，时不时推自己一把，这样每天都会有一点进步。总有一天，我们会发现自己已经差不多回到之前的状态了。而此时，痊愈之路上最为艰难的部分才真正开始。

当我们感觉自己已经更强大，可以集中注意力，并且做好继续下去的准备时，就可以阅读第 4 章了，不要着急。学会倾听自己身体的声音，它比你想象的要更有智慧。

第 4 章

麻烦给我一张地图

现在我们已经掌握了一些让自己安下心来的技能，可以进入下一步了。分手是一种失去：我们失去了自己挚爱的人，失去了自己所期望的生活，失去了一种准则，失去了一个朋友，失去了一个梦想，失去了爱。失去所引发的痛苦是悲伤。

悲伤过程存在一些可预测的标志，知道这些标志会让我们感觉这一切是正常的，并深感慰藉，因为我们清楚尽管有时觉得还是很悲伤，但自己正在治愈。

1 米拉贝尔和冯

米拉贝尔和冯结婚 7 年了。最初几年,他们彼此相爱,感情很好。两个人一直按部就班,结婚后开始生孩子。然后,生活仿佛被按下了加速键。他们在 5 年内生了 3 个孩子,婚姻开始破裂。冯似乎一直在工作,每天下班回家都很累,只想放松;米拉贝尔则完全筋疲力尽了。她迫切地希望冯能多帮忙,替她分担一下,所以她不停地唠叨。于是,冯开始回避米拉贝尔,恶性循环就此形成。

米拉贝尔和冯去做了婚姻咨询,但他们一直争吵。情况进一步恶化到两人几乎不说话之后,他们决定离婚。尽管米拉贝尔同意了这一方案,但她还是极其不满。她对冯抛弃家庭的行为感到愤怒和怨恨,但她也想"摆脱他"。与此同时,她对俩人婚姻的结束感到非常难过。这既是她梦想的终结,也是她计划的未来的终结。又要重新开始这一切的想法着实令她反感。

米拉贝尔觉得自己有点精神失常了,冯也说过她是个疯子，她开始怀疑也许他说得对。

他们原本计划一起把孩子养大，也曾梦想共度各种史诗般的梦幻假期。他们还想搬到一个可以全家一起享受户外活动的地方。这些未能实现的待办事项让米拉贝尔很伤心，但令她更难过的是自己所有的人生梦想都被"毁了"。

尽管如此，她在内心深处还是相信他是个好人，他只是不能安排好自己的生活。当然，他也可能是一个彻头彻尾的混蛋。这9年究竟发生了什么？

米拉贝尔不想约会，因为这太难了，她不想让任何其他男人当孩子的继父。她甚至无法想象和冯分道扬镳以后会怎样。

她憎恨当下所发生的一切，但又对如何改变感到不知所措。她完全束手无策，因为想不出任何好的办法。这就如同坐上了没有目的地的过山车，至少感觉上是这样。最主要的是，她现在悲痛欲绝。

米拉贝尔必须要了解的是，她所有的想法、感受和经历都是正常的。她只需找到方法、捋清思路，就可以走出困境，为这一切赋予意义。

2 悲伤理论

伊丽莎白·库伯勒-罗斯（Elisabeth Kübler-Ross）是著名的精神病学家，因其在死亡研究方面的作品而名声大噪。她在1969年的经典著作《论死亡和濒临死亡》（*On Death and Dying*）中描述了悲伤的各个阶段。

悲伤阶段与失恋有关。把分手看作梦想或想法的死亡，其实它们和死亡本身所带来的"失去感"是一样的。并不是每个人都会经历库伯勒-罗斯提出的所有悲伤阶段（后文会做详细说明）。有些人的悲伤并非按照特定的阶段顺序发生，有些人则完全遵循这种模式。

是不是觉得我好像有点左右逢源，说了跟没说一样？因为尽管这个模型很有用，但并不完美。库伯勒-罗斯的模型确实提供了实用的信息，但归根结底，我们人类是复杂的，很难用单一理论来体现。我们各有各的难处，没有一个模型可以概括所有特例。

这个模型包含的一些观点有助于人们理解分手时的情绪

体验。它不一定会为接下来发生的事情制定精准的"导航路线图",但确实可以缓解失去理智的感觉。所有起伏不定的矛盾情绪都是正常的、意料之中的,而且很多人在"从理论上来说这一切都会结束"的想法中找到了安慰。我之所以说"从理论上来说",是因为我见过永远无法从分手中恢复过来的人。这些人在某种意义上不想恢复:他们选择不恢复。有些人就是想要抓住过去不放。他们想要反刍,把过去放在首要位置,这样他们和爱人的感情才不会就此消逝。如果一个人想要继续前进,经历悲伤的各个阶段,就必须要有放手的意愿。那不是我能提供给大家的东西,能够提供帮助的只有自己。

不愿向前看的人似乎坚持认为,如果他们记得过去,前任就该负责。我可以保证,前任们早就翻篇了,而且根本不在乎你的感受。让过去继续存在只会吞噬自己的灵魂。

说回库伯勒-罗斯。她提出了悲伤的四个阶段:**否认(denial)、讨价还价(bargaining)、沮丧(depression)和接受(acceptance)**。接下来,我会将这些阶段与MOMF结合起来,专门用以应对失恋。在每个阶段,我都罗列了一些应对方法。

请记住,有些人会经历所有阶段,有些人只会经历部分阶段,还有些人会以不同的顺序经历这些阶段。我对每一阶段的描述旨在帮助各位理解自己的情绪体验,而不是指导大家如何悲伤。

3 否认

（不好意思，刚才到底发生了什么？）

在这一阶段，我们的第一反应是震惊，可能还会出现麻木或恐惧。我们无法理解发生了什么，却有一种强烈到令人不适的疼痛感悄然爬上心头。我们也可能会对事情如何发展（接下来会发生什么）感到恐惧，会导致我们产生一种强烈欲望，只想像往常一样继续生活；尽管知道情况并不妙，还是会相信这段关系尚未结束。

我们只是没有接受现实，就好像这一切都不是真的。甚至可能有那么一刻，我们认为这一切都没有发生。我们就这样怀揣着虚假的希望，渴望抓住臆想的现实，但那并不真实。

坦白地讲，我讨厌这个阶段。失恋的人来找我，希望我能告诉他们，自己错过了什么才导致问题无法解决，没法让这一切翻篇。我意识到自己可能会给人留下冷酷无情的印象，因为我总是直言相告，我能做的也不过是帮助他们进行自我修复。在这一阶段，人们还没有做好听取真相或现实的准备。他们想听的是奇迹、误解和童话故事。他们想知道怎样才能让对方变回来。

我还不具备那种"黑魔法"。

建议：第 2 章的存活技能中已基本涵盖该阶段的有效策略。在此，我会重点强调其中一些策略，方便大家回顾。

- 再艰难也不要和前任联系，任何接触都会妨碍治愈。把感受写下来，这一点在之后会变得超级重要，因为我们会发现之前忽略的真相。
- 与能提供支持的朋友在一起。
- 活下去。
- 一旦开始在自己身上套用电视或电影里播放的那些虚拟故事，就要注意了。请提醒自己保持清醒，关注事实本身。事情该是什么样，就是什么样。

4 愤怒

（天哪！你真无耻！）

这是我最喜欢的阶段——因为当愤怒袭来，人们会迸发出能量。在这一阶段，我们可能会歪曲现实，也就是说，我们可能看不到事物的本来面目，愤怒会把它们曲解成我们想要的样子。我们可能一有空就想着报复。

我们上一秒可能还很兴奋，下一秒就很沮丧。这感觉就像一场大战正在内心上演，因为一部分自我已经失去理智，而另一部分可能仍然希望和前任复合。上一秒还在说前任并不完美，下一秒又开始担心会错过那个对自己来说很不错的人（或在脑海中虚构的那个人）。

虽然我们可能意识到自己的故事不是童话，但还是会很生气，因为如果前任不那么坏，自己不那么蠢，我们所知的时空不再存在，等等，它本来是可以成为童话的。

也许我们会感慨**为什么是我**或**这不公平**。的确，我们和前任有过美好时光，但也有势如水火的时候。我们只是错过或忽略了危险信号，掩盖或美化了丑恶的一面。我们甚至会因为在这段关系中忍受了那么久的折磨而生自己的气，但我们绝对可以把矛头指向前任所扮演的角色，也许还能借此看清自己的角色。

建议：

- 在日记中列出那些危险信号，写下遗漏或忽略这些信息的原因，写下将来要如何使用这些信息，记录下导致问题出现的所作所为。
- 善待自己。我们都是人，都会犯错，重在吸取教训。
- 写下需要放下的事情，就此翻篇。把复仇的想法放下，可以把它们写在纸上然后直接撕毁。如果不这样做，这些想法可能会对我们造成更大的伤害（甚至让我们进监狱）。
- 不要把时间浪费在别人身上，专注于自己。找个沙袋或者跑到再也跑不动，用更有效的方式发泄愤怒。

5 讨价还价

（求你了，咱们和好吧！我会乖乖的，我保证！）

在这一阶段，只要能找回失去的一切，我们会不惜乞求、恳请，说自己会改变。这种乞求和恳请的对象有时会是另一个人，有时会是一种更高的权力。如果我们经常酗酒或控制欲太强，就会向对方保证如果再给一次机会就一定会改的。我们会说自己以前太过盲目，但现在明白过来了，会去解决以前没有准备好解决的问题。

> 建议：
> - 练习正念冥想，专注于接受此时此刻。最重要的是：我们就是我们，不能也不应该为了留住别人而改变自己。缘分到了，就一定会在一起。

- 也许这是一个学习和努力改变的机会，但不能为了留住别人而做。对方选择离开并不是因为我们的好坏，而是确定彼此不合适，我们会找到更好的伴侣而已。如果决定做出改变，那么就为了自己而改变。
- 寻求正确的帮助，考虑进行专业咨询。这是获得更多见解和方法的最佳时机，可以帮助我们成为更好的自己。

6 沮丧 ①

（该死，这太痛苦了！）

我想先详细说明一下：这个阶段不是指临床疾病领域的抑郁症。它是悲伤的一个阶段，只是被白话成沮丧一词，指的是感到难过和忧郁。沮丧是一个正常且很有可能会产生的感受。抑郁症是一种疾病，是一种不正常的临床状况。当然，如果没有顺利度过这一阶段，沮丧情绪绝对会导致抑郁症的出现，但这不是我在此要讨论的内容。

在这个阶段，我们终于看到了现实，痛苦扑面而来，无穷无尽。我们反复思考，一遍又一遍地在脑海里回忆、分析往事。我们花了太多时间去回想那些**美好的往昔**，赞叹那时的伴侣多么优秀。我们告诉自己这辈子注定孤独，并且再三回顾自己的缺点、失误和种种负面品质。最后开

---

① 抑郁、抑郁症和沮丧的英文皆可用 depression 一词表示，这里为表区分，悲伤阶段中的"抑郁"直接被译为沮丧。

始说服自己，幸福对我们来说将永远遥不可及。

在某些方面，我们其实重温了第 3 章讲述的存活体验。正如我所提到的，每个阶段都有一些会相互渗透的特征。

人们可能会被空虚感以及**为什么是我**这个想法吞噬。强烈的孤独感会让我们痛彻骨髓。这一阶段可能会非常艰难，但我发现人们经常会在沮丧和愤怒这两个阶段摇摆不定，通过愤怒迸发些许能量。

我不愿人们困于沮丧，因为这个阶段给人带来的感受太过沉重，有时除了消极就是绝望。与此同时，沮丧阶段的疼痛又是我们必须经历的现实。有些人可能会认为我是虐待狂，因为我谈及拥抱疼痛。这并不是说我觉得经历疼痛是一件愉快的事，而是我明白大家都想直接跳过这一阶段。通常也正是在这个阶段，人们会轻易开始另一段关系来减轻痛苦。然而，我知道这终将是一个错误，这样做只会把痛苦推迟到未来某一天。

我是从成长的角度来看待疼痛的。可以说，疼痛是成长必不可少的养料。重要的是，我们要允许疼痛的存在，这样我们才能以健康的方式继续前行。

同样，可以采用第 3 章的一些建议：
- 我无法让痛苦消失，而且那样也不会有什么帮助。远离酒精和毒品，因为它们会让我们说出和做出一些以后懊悔的事情。要克制住对自我麻痹的渴望。

- 不要听悲伤的歌曲，不要看老照片，不要看悲伤的电影。和好朋友一起做有趣的事情，即使没有心情，也要去做。
- 让自己忙碌起来。
- 要对自己特别好。
- 从床上爬起来，穿衣打扮。
- 设定目标，健康饮食，尝试瑜伽，做冥想。
- 坚持记录感受。
- 阅读一些书籍。
- 提醒自己，当有人不想和我们在一起或事情进展不顺利时，痛苦是正常的，并且我们不想强求任何事情。我们想要情投意合的感情，想要一段能让自己成长的恋爱关系，永远不要将就，不要退而求其次。

7 接受

（翻篇吧，恋爱脑！）

在这一阶段，我们会对亲密关系的结束更加坦然，明白是自己的缘分还未到。我们知道、也认为那个结局是对的。我们仍然饱受悲伤之苦，还没有完全平息愤怒，但已经可以笑出声，甚至开玩笑了。我们已经可以继续前行，考虑重新开始约会，但我们知道自己需要一些时间来继续疗伤。我们想起前任的时间更少了。

在这个阶段，我们会接受新的现实，会决定在这条人生道路上要如何前行。思考未来可能会让人心生恐惧，大脑会再次充斥着"**如果我再犯同样的错误怎么办**"或者"**如果这种情况再次发生怎么办**"的想法。

建议：

- 坚持记录。反思一下我们是如何成长的，从中学到了什么。给年轻时的自己写一封信，尤其要关注那些我们错过的危险信号。问问自己：我们做好以后不再做同样事情的准备了吗？
- 列举我们在未来关系中必须具备的品质，不要留有余地。为自己的未来设定一些约会以外的目标。

8 MOMF 阶段

(抱歉，你说谁？)

库伯勒-罗斯没有构想**翻篇吧，恋爱脑**，但我觉得接受并不是最后的终点。这里还存在一种可能，即我们接受了现实，但仍然不能完全治愈。在 MOMF 阶段，我设想的是超越，是我们真的已经向前迈进了。

在我看来，这个阶段的我们已经完全释怀，不再在乎前任，不会因对方生气、难过。我们甚至可能希望那个人一切顺利，或者为自己不再需要处理那些乱七八糟的事而感到高兴。这时，我们就会知道自己已经痊愈了。

我知道这很难，但最重要的是要有耐心。这个过程需要时间，我们没有办法快进（比如，迅速开始一段新的关系只会产生新的问题），也不能让它消失。我们只需要给自己时间，做出正确的选择，减轻痛苦。

与此同时，不要告诉自己"永远"回不到从前，"永远"不会好起来了,这只会让事情变得更糟。我们要把它当作感冒来对待。**干得不错!**尽管我们感觉很不好,但我们知道这一切终将过去。有时,这一过程会持续更长时间,但情况会逐渐改善,尤其当我们学会自我关怀以后。

很多人都没能抵达这一阶段。他们受困于愤怒或悲伤,但这只是把过去之毒带到了现在。那些感觉只会伤害自己。如果我们愿意,每一段生活经历都可以让我们成长。试想一下,如果我们经历了所有痛苦,却没有吸取任何教训,反而再次陷入困境,这该有多么可惜啊。这个阶段的重点就在于此,我们要承认坏事已经发生了,天不遂人愿,但我们已经处理好了,进行了反思,吸取了教训,已经翻篇了,恋爱脑!

> **建议:**
> - 过自己的生活——过自己想要的生活。把过去留在过去,把未来交给未来。活在当下,做最好的自己。

9 实现方法

我就直说了吧,没有什么能消除失去的痛苦。治愈没有捷径可走,操之过急只会让过去重演。

照顾好自己非常重要。让我们来换位思考一下,假如我们的朋友正在经历一些糟糕的事情,我们虽不能解决问题,但肯定会竭尽全力去帮忙。将朋友替换成自己就是自我关怀,要像对待朋友一样为自己做些事。但要明白自我关怀只是减轻痛苦的缓冲器,并不能消除痛苦。

尽管还是会有人不想行动,但这并不重要,因为无论如何我们都必须这样做。用 MOMF 的行话来说,如果你持续前行,最终会发现自己处于一个新的环境中。先开始行动,大脑最终还是会跟上的。以下是我们可以应用于所有阶段的 MOMF 策略。

(1)回顾一下自己在第 2 章识别出来的异常核心信念

这些消极信念是如何让我们走到这一步的?哪些不正常的信念驱使我们走到了这一步?该如何应对?

（2）现在，把所有的消极想法写下来

它们是如何追溯核心信念的？生活总有伤痛，但毫无根据的自我批评不会有任何帮助。如果我们当下因为拒绝朋友的电话或躺在床上吃冰激凌而自责，也许应该做些什么去改变。为过去自责完全是浪费时间：我们只会让自己感觉更差。放手去反击吧。

（3）当你告诉自己另一个关于美好往昔的童话时，请立即戳破这虚假的幻想

前任在现实中可没那么好。事实上，他们太混蛋了。在你感慨卡莉7月4日多浪漫的时候，请不要忘记她在当天喝得酩酊大醉，挑逗其他几个朋友，在晚上结束时还和你大吵大闹。当然，第二天你们和好了，但这一切有必要吗？的确，你们曾经有过美好时光，但请对自己诚实，不要编造故事。

也许我们会对自己说："别再拍自己的马屁了，我的朋友。欢迎来到现实生活。那都是假的！"

也许我们写下自己想要的童话故事，然后再回过头根据事实进行编辑。请在页边空白处写一些MOMF评论。如果不知道该写什么，想想我们最好的朋友会对我们迪士尼版本的故事作何评论。"有道理，但是……又是怎么回事呢？"

（4）把过程记录下来

把过程记录下来后，你就会发现自己那些偏误思维如何运作，存在怎样的模式以及我们如何成长，这些都会变得非常清楚。随着时间的推移，我们会看到进步。在糟糕的日子里审视自己，在美好的日子里庆祝。我们会获得新的见解。请做自己最好的朋友。

（5）使用 MOMF 式肯定宣言，并且每天更换一次

引用那些能激励自己，让自己在设定的道路上脚踏实地的语录。把它们贴在日记本上，贴在房间各处，确保自己行进在正确的人生道路上。好好享受吧。

"你好啊，辣妹。那么，咱们开始第 2 章了……"

"臭女人，不要再给有问题的人'免费赠品'了。"

（6）善待自己

健康饮食，和积极的人交往、保持忙碌状态，强迫自己做一些有趣的事情。运动，再运动，出大量汗将毒素排出。虽然需要付出很多努力，但最终还是值得的。我们会感觉更好，尽管这听起来非常累，但是亲爱的，这真的值得尝试。请相信我，只有当我们认为自己值得，并且对别人有所要求的时候，才有可能找到一个真正对自己好的人。永远，永远不要将就，人生苦短啊。

第 5 章

这和爱情有什么关系

坦白地说,这一章有点扫兴,因为我要用冰冷而苦涩的事实浇灭大家对爱情的幻想,剥去它那层有趣且梦幻的外衣。

1 感觉并不总是理性的

很遗憾，接下来的内容会与大家耳熟能详的迪士尼主题童话相矛盾。事实上，公主在亲吻完青蛙以后很可能会浑身长满疙瘩。

虽然我们发自内心地想相信童话故事，但出于理智，我们知道这样往往会让自己面临巨大的危险。大脑想让我们专注事实。

在这一章，我想让大家用自己的大脑去了解内心。感觉是非常重要的数据来源，但更为关键的是，我们要认识到感觉并不总是理性的。为了在爱情上取得成功，我们必须识别出不同感觉，并结合其他事实和境况对其进行诠释。

这就需要运用大脑，而本章将帮助我们做到这一点。是的，爱情甚至是有科学依据的。这一章旨在帮助我们透彻了解什么是爱，以及在爱情中可以期待什么，这样我们就能以良好的状态继续前行。让我们开始阅读吧。

2 爱的进化

本尼和洛伦佐在 25 岁时相遇。他们一开始只是在一群朋友中玩得很好,但很快就彼此吸引。两个人开始花更多的时间相处,自然而然地开始约会。本尼和洛伦佐有许多共同的兴趣,也持有一样的价值观。他们似乎非常合拍。

现在,他们已经在一起 20 年了,两人的关系也发生了很大的变化,彼此都有了显著的成长,20 年前的那种强烈吸引力已经消退。如今,他们对分歧和争论的处理更加自如,因为他们知道对方不会因此暴跳如雷,草率结束这段关系。两个人都能安心做自己,不用害怕被厌弃。本尼和洛伦佐挺过了这段感情中的诸多波折。他们都认为这得益于长久的爱、尊重以及友伴式相处模式。

多年来,他们都想知道失去火花是否意味着关系的结束,是否是他们需要离开的信号。没有人告诉过他们会发生什么,流行文化也暗示他们应该永远疯狂地爱恋着对方。他们只是不再有那种感觉了。这正常吗？这是坏兆头吗？谁都不想离开这段舒适的关系，是因为怠惰吗？他们是在欺骗自己吗？

他们的问题很常见，但很少有人能真诚地讨论这些问题，找到属于自己的答案。

我看到过对上述问题的两种回答，第一种是 Facebook 上那些**猪涂口红**（lipstick on the hog）的帖子。所谓"猪涂口红"，就是罔顾事实，试图美化丑陋的东西。这些都是假的。它们告诉我们，如果 25 年后我们没有始终不渝地爱着我们的伴侣，只是因为我们不够努力。这简直是胡说八道。

第二种回答则出于恐惧心理。担心关系逐渐平淡可能是出现了外遇或存在外遇风险，最好雇个私家侦探开始翻查伴侣的短信。如果一周没有几次性生活，就觉得自己有问题。

我们很少听到感情会变质、变乏味这样的实话，要想让感情保持有趣，我们需要付出努力。同时，再多的努力也不会让感情宛如最初。

对于大多数人来说，我们不知道怎样类比长期关系，怀疑感情不正常也是有风险的。请仔细想想我的话。如果我们相信自己 10 年后看见爱人**还会**小鹿乱撞，那么一旦没有出现这种情况，我们就会怀疑自己、伴侣或两人之间的关系出了问题（提示：如果 10 年过去了，还会感到小鹿乱撞或者紧张，就去看医生吧，可能是别的原因）。

在某些情况下，我们的感情可能没有出现问题，只是没有理解期望的正常发展规律罢了。如果是别的事情，可能就一团糟了。我想做的是帮大家区分事实和想象。

尽管人与人之间存在一些差异，但认为关系不会改变或者永远缠绵缱绻是不现实的，最后感到失望也在意料之中。

这就引出了一些非常重要的问题：什么是爱？爱是什么感觉？什么是健康的亲密关系？

3 亲密关系的基础

我们要回到童年这个让我们不断探索自我的时间段了。我保证母亲不会是我指责的唯一对象，父亲也有责任。

所有关系的基础都是在生命早期建立起来的，取决于照顾者如何对待我们。想象一下，如果我们的需求得到了满足，我们被爱、被尊重，感到安全，那么我们就更有可能与他人建立信任感，而这也是我们将关系扩展到父母和亲属之外的一个参考点。然而，与此同时，我们正利用"别人如何对待我们"的数据来形成自我意识。任何一段关系中都存在自我和他人。基于早期的生活经验，我们塑造了对自己和他人的内部表征。这两种表征同时形成并且相互关联。

我最喜欢的表征理论是查尔斯·库利（Charles Cooley）的"镜中自我"（Looking Glass Self）。其原理如下：当一个孩子注视着重要的人的脸时，他照见的其实是自己。如果孩子照见的是**你太棒了，你很优秀，我很爱你**，那么他就会觉得自己惹人喜爱、很重要。如果孩子照见的内容非常一致，那么这个信息就会深深地扎根在他的脑海。但反过来也可能成立，孩子也可能会认为自己不好或者不讨喜。这一切都要追溯到核心信念的形成方式。

这个简单的模型解释了健康关系的早期基础是如何发展而来的，这与我们如何看待自己有很大关系。认为自己没有价值、不讨喜将影响我们的关系选择；同样，如果我们知道别人前后不一，不值得信任，也会影响我们的关系选择。所有这些都会影响我们对爱与被爱的定义。

4 什么是爱

有些人会对这个问题表现出异样的纠结。也许是因为他们在追寻一个绝对的、可以量化的答案,或者他们小时候所经历的种种不像是爱,抑或他们在寻找对自己感受的认可。

我承认,人们提出来的这个问题很难。

根据词典的解释,爱是"对另一个人极其温柔、热烈的感情,对父母、孩子或朋友的温暖依恋或深切感情,性激情或欲望"。

当我读到这段解释的时候,我的反应是:**好吧,你说是什么就是什么吧**。我不满的地方在于这个定义并没有真正说明一段感情中健康的爱是什么。我知道爱的定义并非用来判断健康与否,但这会让人们很困惑。爱就是爱,不是吗?

不完全是。

有些人自诩情深义重,实则一团糟。这不是我认为的爱，至少不是健康的爱。如果有人对我们用情至深以致想要实施强奸，这是爱吗？或者以爱之名控制我们的一举一动，这是爱吗？我认为这不是真正的爱，也不是健康的爱。

问题是，如果我们从未经历过父母或照顾者给予的真正的爱，又怎会知道一段感情中健康的爱是什么样子？

对我来说，爱（在一段感情中）除了情深义重，还伴随着无私。当我们真的爱一个人时，就会只想把一切最好的都赠予对方，有时甚至会把自己的需求放在一边，这不是什么大问题，因为对方也在为我们做同样的事情（注意：我说的是**有时**，这与第 7 章讨论的没有边界不同。那种无私**确实是**个问题）。爱包括尊重，也讲究信任和善意。爱是安全的，同时也是危险的。它是安全的，因为它有回报。当我们在关心对方的时候，对方也在关心我们。爱是危险的，因为总是存在着被伤害的内在风险。

爱是无法保证的。我们都是人，会变、会犯错。我们虽然不能控制所爱之人，但可以控制自己爱人的**方式**。换句话说，感受到爱并不意味着我们应该"以心犯险"，也不意味着它对我们来说就是安全的。记住，感觉并不总是理性的。

5 什么不是爱：虐待（abuse）[①]

有趣的是，我觉得谈论什么不是爱比谈论什么是爱更容易。再次强调一下，我要说的是什么不是**健康**的爱。

无论我们如何美化包装，虐待都不是健康的爱。那么，什么是虐待呢？

根据词典中abuse一词的释义："错误或不恰当地使用，以伤害身心或冒犯的方式对待，对他人说侮辱性、不公正或严厉的话。"令我惊讶的是，很多人在自己的亲密关系中没有意识到虐待倾向的存在。

虐待的目的是通过施加痛苦、操纵和胁迫来维护自己的权威，控制他人。

20世纪80年代，在"明尼苏达州家庭虐待干预项目"中开发了权力与控制轮盘（power and control wheel）来说明家庭关系中的虐待性质。我发现这个工具可以为那些被虐待的人提供非常有用的帮助。参与会话期间，我会

[①] "abuse"有滥用、虐待、辱骂等含义，本书主要采用"虐待"释义。

第 5 章 这和爱情有什么关系

阅读叙词，然后让人们进行自我评估。每次，听众都会恍然大悟，惊讶地发现在自己的生活中也存在虐待现象。这对他们来说是崭新的信息。经美国国家家庭暴力和性暴力中心（National Center on Domestic and Sexual Violence, NCDSV）许可使用。

权力与控制轮盘的最初版本已经过时，因为它是从男性为施虐者的传统异性关系角度出发的。实际上，我也帮助过遭受虐待的男性。最初的权力与控制轮盘已经在许多方面进行了调整，更具包容性和通用性。还有多语言版本和其他形式的权力与控制轮盘。这些皆由美国国家家庭暴力和性暴力中心许可使用。

权力与控制轮盘向我们呈现了经过充分研究的虐待性、控制性关系特征。它们是不健康的、错误的。不管别人说什么，我们都**没有**疯，我们只是反对被别人不屑一顾地对待。自我感觉失去理智可能是因为虽然我们知道这段关系几近破裂，但没想到对方会认为**我们**是问题所在。这其实也是一种虐待。

正如我之前提到的，识别虐待并不是那么容易的，尤其当我们的生活本来就充斥各种虐待行为的时候，所以请不要急于评判。许多人在成长过程中都经历过父母和其他亲人的虐待，这些早期的生活经历可能会让我们产生扭曲的核心信念，认为自己不够好或不配。有时，我们可能也

095

会虐待自己,这使我们更难辨别他人的行为是否妥当。对一些人来说,被虐待似乎是**正常的**或**意料之中的事**。即便如此,虐待也不是爱。

花点时间好好想想我的话。如果我们从未经历过一段真正充满爱意的健康关系,以后又怎么能进行正确的判断呢?恋爱关系更是如此。

我并不是说遭受过虐待的人不知道什么是健康的爱,而是说如果没有人教过他们,这一切会更有挑战性。

我观察到处于虐待性关系中的人通常会感到羞耻和内疚。他们担心被评判,所以可能会试图掩盖,为施虐者开脱或强行解释。

我不会让大家继续上述任一行为。每个人都有可能陷入一段虐待性关系,这不是因为愚蠢、极度渴望关注或缺乏自尊,而是因为人性。

我发现受害者往往会因为所谓的"允许虐待发生"而陷入自责或遭受批判,这根本就是无稽之谈,我想先解释一下:我很了解虐待关系惯常的开始方式,这一切都始于奉承。我们会不由地感慨有一个那么喜欢自己的人感觉真好。也许他会给我们送花,也许他的赞美多到让我们感到窒息。最终,我们会以为找到了那个全心全意为我们着想的人。接下来,他会坦白对我们爱若珍宝,以至于想知道关于我们的一切:人在哪里?和谁在一起?一直在做什么?

施虐者的外在表现为讨好，实际上却是嫉妒和控制。他故意曲解自己的意图和行为，让我们觉得自己才是那个有问题的人，于是开始怀疑自己。这其实都是操纵手法的一部分。脆弱的人（不管出于什么原因，这些人的自尊已经低到无底线付出或讨好的地步）更容易吸引施虐者，因为他们更容易被控制。这些人不太可能选择离开或设定边界。

从另一个人身上感受到的强烈的爱很容易变成虐待，而且往往会反复。然而，我的观点很简单：虐待不是爱，且从来都不存在正当理由。虐待的根源从来不是受害者，也从来不是出于爱。如果有人这么说，他们就是在说谎，想实施控制。我们值得更多更好的爱，也值得在任何一段关系中始终保持自身安全。我再强调一遍，**没有人**应该被虐待，没有人应该在一段关系中受苦，即使这段关系是他们自己的选择。鉴于离开伴侣也可能会带来危险，我在第6章会介绍更多关于如何摆脱施虐者的内容。我们只要牢记自己并不孤单，就会**有**出路。

> **实现方法：**
> - 花点时间想想，爱对我们来说意味着什么，记下其中的重要元素。我们过去是如何对理想妥协的？早年的生活经历和核心信念又是如何影响我们对爱的看法和体验的？

6 对爱的期许

现在我们明白了什么是爱，什么不是爱；接下来，将继续深入了解对爱的期许。

罗伯特·斯滕伯格（Robert Sternberg）博士是一位杰出的发展心理学家，主要研究领域是人类如何随时间而变化。他也是爱情方面的专家。

我猜在此之前，大家不太会花时间思考爱是如何随着时间发展和变化的。我们都喜欢爱情进展顺利时的感觉，反之则心生厌恶。除此之外，很少有人会深究爱情理论。我知道原因，因为它只会让我们乘兴而来，败兴而归。

爱情一旦进展顺利，就会美好到让我们深陷其中，无法自拔。此时，我们不需要做任何分析，不是吗？我认为爱不是我们可以计划甚至控制的东西。爱是一种感觉，而感觉说产生就产生，重要的是我们需要明智地管理这些感觉。

了解爱情背后的发展轨迹和理论有助于我们更好地了

解自己和自己的反应。

换个角度想：当我吃着软糖布朗尼圣代时，感觉真的非常好。其实，有时我吃了还想吃。与此同时，我必须保持理智，提醒自己完全放纵的后遗症或副作用是感到反胃和自我厌恶。这是一场介于"感觉良好"和"知道放纵有时会产生不好的后果"之间的内心斗争。至少，我需要诚实地面对这些后果，而不是盲目地沉溺于感觉良好的时刻。

好了，说回斯滕伯格。他提出了几个理论，其中包括爱情三角理论和爱情故事理论。他现在把这两种理论结合在一起，形成了爱情二重理论。我会将两个理论分开讲解，但如果合二为一，就是二重理论。

7 爱情理论

让我们从**爱情三角理论**开始。根据这一理论,爱情包含 3 个部分:**亲密(intimacy)、激情(passion)和决定 / 承诺(decision/commitment)**。

> **亲密**:温暖、连属和亲近的感觉,是一种联结体验。
>
> **激情**:强烈的性唤醒和吸引。
>
> **决定 / 承诺**:下定决心去爱一个人,即使对方没有做出相应的承诺。

这 3 部分既独立又相互交融。例如,当我感觉彼此的关系更加亲密时,我可能会产生更多激情,进而做出更坚定的承诺。

第 5 章 这和爱情有什么关系

三角理论中的爱情类型包括：

- **激情式爱情**（passionate love）是对某一特定对象强烈的爱和渴望。这种爱充满了兴奋和新鲜感。激情式爱情在一段关系开始时很重要，通常会持续一年左右。它伴随着大脑的变化——具体来说，是让我们感觉良好的神经递质的增加，进而给人一种兴奋的感觉。虽然这种爱感觉很棒，但是要记住，生理上的感觉不会持久。

- **友伴式爱情**（companionate love）紧随其后，这种爱情也称为亲情式爱情（affectionate love）。当一对伴侣达到这种程度的爱时，他们会相互理解，关心对方。这种类型的爱有助于长久地维持一段关系。它出现在一段关系的后期，需要对彼此有一定程度的了解。

- **非爱慕关系**（non-love）缺少所有3个组成部分。

- **喜欢式爱情**（liking）只有亲密。

- **迷恋式爱情**（infatuation）只有激情。

- **空洞式爱情**（empty love）只有决定/承诺。

- **浪漫式爱情**（romantic love）是亲密和激情并存。

> - 愚昧式爱情（fatuous love）是激情和决定/承诺并存。
> - 完美式爱情（consummate love）包含所有3个组成部分。

如果我们把爱情的3个组成部分想象成一个三角形，那么这个三角形的平衡就取决于这3个组成部分的平衡。一个平衡的三角形是等边的，但我们还有许多其他不同的形式。

斯滕伯格还指出，可能存在一个三角形表示实际存在的爱情，另一个三角形表示此人希望得到的爱情。后者就是我所说的童话。即使现实并非如此，这个人还是会想：如果对方会改变，如果我们住在别的地方，如果我们有了孩子……这一切是否**就会**有所不同。

大多数人希望得到的爱情三角形都如此难以逾越。人们不是在为他们破碎的关系而悲伤，而是在为错过**本可以拥有**的美好爱情而难过。人们为情所困是因为害怕错过为了变好而做的改变。或者，他们丢失的爱情其实从未真正存在过，更不用说从中恢复了。

爱情故事理论指我们会在一段关系中引入剧本。这一想法直接与我们对爱和关系的核心信念相关。爱情故事理论表明，每个人都有一个影响自己看待世界的人生故事（想想我们之前谈到的过滤器）。斯滕伯格认为，我们与那些符合故事情节的人结成亲密关系的成功率会更高。

听起来很有道理，不是吗？我们正在寻找自己已经预先写好的故事中的其他角色。当故事被搞得一塌糊涂的时候，我们尤其要意识到这一点，因为我们会选择不好的角色来匹配搞砸的故事。关系中的另一个人也在做同样的事情。

斯滕伯格在文学作品、电影和流行文化中选择了很多流行的故事情节，制成了一份清单，但这个清单可能无限长，我在这里只摘取了部分。我相信每个人都能想到一些。

- 成瘾：一个人开始变得黏人，会因为害怕失去这段关系而束手无策，甚至无法正常活动。
- 艺术：一个人更关心他/她的伴侣看起来怎么样，或者伴侣的外表有多吸引人。
- 商务：这段关系更多的是一种商业安排。
- 收藏：伴侣被视为与生活其他部分相搭配的物件。
- 食谱：认为一段关系需要遵循某种秘诀，才能算作成功。
- 幻想：这就是前文提到过的童话……公主与青

蛙或白衣骑士的故事。

- 游戏：这种关系更像一种游戏或运动。
- 园艺：认为必须像照料花园一样经营一段关系。
- 政府：关系存在一种模式；在这种模式下，做出的决定要么是专制的，要么是民主的。
- 历史：有关这段关系的历史总是会被记录下来。
- 恐怖：包含恐怖或惊悚元素的关系。
- 幽默：爱情既奇怪又幽默。
- 神秘：感情需要一些神秘感，彼此间不应该透露太多信息。
- 警察：时刻监督伴侣，确保他们具有良好的行为举止。
- 色情：爱情是下流的。
- 宗教：爱情由宗教信仰决定。
- 科学：爱情是可以被研究、分析和预测的。
- 牺牲：爱意味着牺牲自己的时间和精力。
- 戏剧：爱情有剧本。
- 旅行：爱情是一场旅行。
- 战争：爱情是战场。

我们都有自己的故事，从降生到这个世界起，我们的照顾者就开始了撰写。这些故事可能也会包含父母树立的榜样，以及他们如何表达对彼此的爱。正是这些核心信念和其他关于我们自己的想法，成就了我们。随着年龄的增长，我们开始寻找与自己故事相匹配的信息，其中就包括亲密关系。我们会被那些符合我们故事的人吸引。

我为什么要和大家分享这些？因为了解自己非常重要。我们需要知道驱使我们以某种方式行事的故事情节或核心信念，因为即使不符合最佳利益，我们还是会循环往复，一次又一次地这样做。我们可能会被熟悉的故事情节吸引，但这并不意味着它们就是健康的。

我们需要明白，爱是一种感觉，也包含重要的认知成分。从科学角度评估我们的经历有助于我们不被情绪淹没。我们需要提醒自己，感情只有在特定的环境中，才能得到最好的诠释。

像激情这样的情绪很容易战胜直觉或更好的判断。有时，对亲密的强烈需求会掩盖同样重要的决定/承诺。

> **实现方法：**
> - 花点时间写一些适合自己的故事情节。我们如何被亲密关系中的某些角色吸引？结果如何？是什么需求驱使我们？我们要如何转化这种能量，让自己的关系更健康？

8 什么是正常的

曾经有人向我咨询，想要结束自己的婚姻。他说他的妻子是个好人，他们是朋友。他很喜欢她，但她确实也让他心烦意乱。他们相处得很好，只是有些争执。他们不再像以前那样每天恩恩爱爱，大概是对彼此的激情减少了。因为孩子和其他的一些事情，他们俩都很累。但这是他唯一经历的一段婚姻，他不知道这是否正常。他确信其他人的激情都要比他多，觉得自己应该从婚姻中得到完全的满足，但事实并没有。他想知道自己是否应该离开，到另一段关系中寻找满足感。他彻底迷茫了。

当他浏览社交媒体时，他发现自己的婚姻并不像别人帖子里描绘的那样都是钻石和玫瑰。在我向他解释他的情况并无异常后，他好像松了一口气。然而，我并没有告诉他：感情会变得乏味，他必须接受这个事实；我们所有人都需要在这方面下功夫。期望自己和妻子的关系永远处于热恋期是不合适的。

如果我们查阅了婚姻满意度调查，会很容易感到困惑，甚至专家们的意见也无法统一。有些人认为婚姻满意度开始时很高，接着会下降，然后又回升；有些人认为它只会一直下降；还有一些人认为它会偶尔上下波动。

目前，初婚的离婚率在40%到50%之间，低于几十年前的60%。与此同时，结婚率也在下降，这意味着想要结婚的人越来越少。

无论我们结婚与否，都可以尝试以下这种思考方式：当我们第一次进入一段关系时，我们充满了激情。我们可能会分享关于未来的目标和想法，积极制订未来计划。我们在恋爱关系中付出的**努力**与日常其他努力截然不同，并不会感到辛苦。我们会有很多空闲时间来增进亲密关系，而且这样感觉很好。

在某一时刻，生活会悄然占据上风，事业、账单和抚养孩子（如果我们决定要孩子）让我们应接不暇。这时两个人很容易停止在亲密关系中投入时间，因为都很疲惫，而且有许多其他需要优先考虑的事情。彼此之间容易变得愈发冷漠和疏离。同时，我们也在逐渐衰老，更容易疲劳。一切似乎都需要消耗更多的精力。当孩子离开家时，伴侣双方都会觉得他们失去了共同基础，失去了亲密感，也失去了联结。

这似乎很令人沮丧，对吧？一切本不该如此。这是一个与我们听到的童话故事背道而驰的残酷事实，而且童话故事似乎是感情问题的关键。也就是说，我们需要努力维系感情，需要付出很多努力才能迎来幸福的结局。这一路跌宕起伏，虽然并不总是令人愉快，但我确实认为了解亲密关系的大致轨迹会让人感到些许欣慰，至少我们可以对它进行预测。

9 爱情需要经营

我们可能会告诉自己,如果感觉对了,就应该产生爱。爱情不应该是争取来的。如果缘分到了,它就会有结果。这是事实,至少一开始是这样。我通常会告诉人们,恋爱的第一年应该像蜜月一样,太多争吵并不是一个好兆头。等过了第一年,人们就开始放松戒备,因为"爱情魔药"正在逐渐失效。如果我们肯敞开心胸,就会开始看清现实。

爱情初期应该很容易。然而,长期维系爱情需要付出很多努力,尤其是当能让我们感觉良好的大脑化学物质消耗殆尽时,我们会面临一个令人清醒的事实:我们还有许多其他的承诺和责任,伴侣有时真的很烦人。

如果我们怀着不切实际的期望,认为我们就应该永远幸福到极点,或者事情总是美好的,那就大错特错了。关系会随着时间的推移而发展、转变,就像我们作为个体会随着时间的流逝而成长和改变一样。激情式爱情可能是这一切开始的地方，而友伴式爱情可能会是事情发展的阶段。这并不表明激情已经消失，也不是让我们去寻找新恋情。大多数亲密关系都会超越激情式爱情，这是我们已经习惯了的基本行为主义，新的事物经过时间的洗礼就是会逐渐变陈旧、变熟悉。

当我们思考这一切时，需要把核心信念和自我对话考虑在内。在了解处于一段关系中的自我之前，要先了解作为个体的自己，明智的选择也不可或缺。如果不考虑长期发展，我们很容易被当下的情绪所困。

例如，有些人像是在追求自我完善，总是热衷于和性格相反的人在一起。不要指望他人成就我们，只有我们自己才能让自己更完整，其他的都是谎言。

10 杰德和拉希达的故事

杰德是一个内向的人，一般非常低调。他有计划、有条理，而且非常注意整洁。拉希达则性格外向，天真率直，敢于冒险，精力充沛。起初，杰德被拉希达深深吸引，但时间一长，她就会把他逼疯。两个人都在做自己，没有对错之分。撇开最初的吸引力不谈，要想在爱情中取得成功，我们需要在一定程度上对自己诚实，认真判断对方是否契合我们的个性、价值观和生活方式。

他们来找我做夫妻咨询，这对我来说是一道难题，因为他们两个本身都是很酷的人。我想我们都羡慕另一半身上自己所没有的、美好的品质，有时也会希望自己能拥有同样的品质。但我们也必须诚实地面对自己，清楚自己是谁，而不是想要成为谁。面对自己能提供的价值，以及不同性格在现实生活中要如何融合的问题，我们要保持诚实。最关键的问题是，我们解决自己问题的方式难道是选择一个与自己大相径庭的伴侣吗？

11 如何避免重蹈覆辙

很多正在从失恋中恢复的人都会担心一个问题：**如果我再犯同样的错误，怎么办？** 我们已经可以从这个问题中看到，恐惧如何阻碍治愈。有时，毫无根据的恐惧源于一段不堪的关系，或不健康的相处模式。无论哪种情况，我都建议大家改变自己的想法并保持刻意练习。

在一段关系中，保持刻意练习的一个有效方法是，拿出一张纸，画两条线将其分成3栏。第一栏列出我们在一段关系中必须要拥有的东西。这些是我们不应该也不会妥协的事物，如一份工作、有共同的价值观、爱干净或者一定的年龄。同样，我们必须对自己诚实，不要下意识地做出熟悉但不合理的选择。

曼纽尔似乎总是会和情绪不稳定的女人约会，每一段关系开始时都激情四射。但不久后，对方就会莫名其妙地攻击他，制造戏剧性事件。曼纽尔从未预见即将到来的麻烦，因为他太沉迷于激情了。

第 5 章 这和爱情有什么关系

我并不是要曼纽尔避免激情,因为这毕竟是爱情三角理论中的一个角,而是要他寻找其他可能预示伴侣稳定性的迹象。像曼纽尔这样的人通常会告诉我,他们非常担心会错过,犯同样的错误,甚至会因此放弃约会。我告诉他们,我不能保证任何特定的结果,但特定的策略可能会降低遇到另一个情绪不稳定的伴侣的可能性。

曼纽尔的必备条件清单应该包括:必须有良好的家庭关系和快乐的童年,必须有稳定的长期恋爱史,性格必须低调。同样,虽然这些品质并不能完全排除遇到一个情绪不稳定的伴侣,但它可以减少重蹈覆辙的概率。因此,曼纽尔需要制定自己的清单,并坚持下去。

那张纸上添加的第二栏是我们在一段关系中绝对**不能**有或接触的东西,如毒品、吸烟或酗酒、上一段婚姻的孩子、重大债务等。

第三栏则是一些无关紧要的事情,如头发或眼睛的颜色、职业、收入等。

一旦我们有了这 3 个基于过去模式、真实欲望和个性的清单,接下来要做的就是不要偏离。这张纸可以作为我们的指南或路线图。每当遇到一个有趣的人,在进入激情压倒理智的童话世界之前,我们应该检查一下这个人是否符合我们的标准。如果这个人不符合我们制定的非黑即白标准(即第一栏和第二栏),就没有必要继续交流了。进一步互动只会给我们带来困惑，给未来蒙上阴影。我们可能会竭力说服自己，让自己相信这个清单并不重要或者这一切都只是自己看待问题的方式而已。请立刻停止说服自己，与这个人进一步互动会导致我们偏离自己既定的价值观。

用MOMF话术来说，就是你要了解自己那乱七八糟的历史，戳破那一无是处的幻想，要变得比这些胡话更聪明才不会违背初衷。

既然我们通常会为教育、职业和生活制订计划，那么为什么不为寻找真爱这样重要的事情制订一个计划呢？我来告诉大家为什么大多数人不这样做：因为别人总是告诉我们爱会让人沦陷。言外之意（实际上是暗示）是，当我们遇到爱时，会失去常识，无法思考。虽然考虑到早期的吸引力，这可能是真的，但我还是建议大家动动脑子。

成功的爱情就像生活中的大多数成功一样，它会让我们的大脑和心灵融为一体，带领我们抵达正确的地方。我们无法控制自己的感受，但不应该总是感情用事。成功的爱情在很大程度上取决于我们对自己、行动力以及自身优缺点的了解程度，也取决于我们如何管理这些信息，在生活中做出正确决定的能力。然而，即使把这一切都做好，也不能保证有一个好的结果。爱情是一段疯狂的旅程，人人都是旅客。我们的每一段经历都是一次学习机会，但必须自愿并且能够在不进行评判的情况下，把学到的东西整理清楚，看看哪些是有意义的。爱也需要耐心和毅力。亲密关系确实会随着时间的推移而改变，久而久之人也会改变，这些都是已知数。改变没有好坏之分，**就只是改变而已**。

然而，我们需要主动退后一步，来决定如何处理这些信息，而不是被动反应。不能仅仅因为我们不理解就将其认定为一件坏事，这只代表我们需要观察、保持开放。我们都是前文伊丽莎白·莱瑟描绘的那辆公交车上的"笨蛋"。

实现方法：

- 改变想法，开始做3栏练习吧。当我们回想过去那些亲密关系时，问问自己：是什么核心信念和自我对话推动我们做了决定？想要填补什么缺口？现在知道更多的我们会给年轻时的自己提什么建议？需要注意哪些陷阱？会用这些信息做什么？

第 6 章

理性面对不忠行为

每个人都有可能出现不忠行为，它本身并不一定表示一段关系结束了。决定一段关系是否值得挽救的因素有很多。作为本书的读者，我会假设大家的亲密关系已经或几近结束，也许你们现在正努力理解或确认自己是否在做正确的事情。

这一章不是为了关注过去，把所有事情都重新分析一遍，而是要从过去的事情中吸取教训，并从中成长。如果我们让出轨事件成为心中的毒瘤，毫无缘由地影响未来所有的亲密关系，或让别人的不忠夺走我们对人的信任，那才是最大的悲剧。虽然出轨不是我们的选择，但如何应对却是我们可以选择、能控制的，这一切都取决于我们自己。那么，你要如何应对呢？

1 恶人和坏蛋

不忠的故事虽然版本很多，但万变不离其宗，我已经听过很多次了。我的内心反应基本上是一样的，包括一连串冗长的、难以辨认的脏话，当然这是不适合与读者分享的。当我最终开口时，我会以某种方式传达这样的信息："你应该和一个与自己情投意合的人在一起。"

我对出轨行为的看法不一。如果当事人承认自己劈腿，请求原谅和帮助，这是可行的。在这种情况下，不忠之人承担责任并明确了立场。这个我可以接受。

但是一些人在得知伴侣出轨时本来就很痛苦，结果**还要**应对不忠之人那优柔寡断的侮辱性"抉择"。有时，令这一切雪上加霜的是，不忠之人甚至会因为自己劈腿而责怪被出轨方。"是，我承认，我确实是劈腿了。我不知道我是否该为此感到愧疚。我不确定我是想和你在一起，还是和别人在一起。而且，我觉得发生这种事是你的错。"显然，这是一个"三层垃圾三明治"。

第6章 理性面对不忠行为

在我们评判别人、认为自己永远不会忍受这些麻烦事之前，请停下来，想一想。事情发生在自己身上之前，人们似乎都知道要如何处理，但感觉会改变一切。另外，每个人都有可能出轨。这些都是事实。

然而，令人无法接受的是不忠之人的自私自利，他们会道德绑架被出轨方，让其直面自己的犹豫不决或指手画脚，所以学会保护自己尤为重要。问题是，被出轨方可能会因为发现出轨事件而感到非常震惊，以致很难有任何看法。我们可以向朋友或者心理咨询师诉说，和愿意倾听的人交谈，他们不会告诉我们该做什么，但会提醒我们要自我保护。

2 理解不忠

忠贞是对另一个人真挚或忠诚，因此不忠就是不真挚或不忠诚。谈到不忠时，我意指广义上的不忠，而不仅仅指在亲密关系之外发生性行为。事实上，如果不忠只针对性行为，处理起来反而更容易，因为情绪在其中不会起到主要作用。情绪才是把一切都搞砸的罪魁祸首。

不忠也可以指在固定伴侣关系之外，与某人保持情感上的亲密。我的确可以和一个好朋友在情感上亲密无间，但这不是我在此要表达的内容。我说的不忠是确定关系中的一方在情感上与他人纠缠，被他人吸引，和他人分享私密的个人问题。不忠之人会越界，与固定伴侣以外的人分享个人和情感经历。无论是否有具体行动产生，这种频繁的相互联系都会产生吸引力，与是否发生性行为无关。

情感上的不忠很难修复，因为人类无法切断感觉和情绪，但性生活可以停止。

我在本章节谈论的不忠是指一切不忠行为。

第 6 章 理性面对不忠行为

不忠的原因有很多。我将介绍一些最常见的解释，希望大家可以跟着我对它们进行风险分层（risk-stratification）。任何时候建立亲密关系都存在风险。不要刚开始一段感情就告诉自己**这个人永远不会劈腿**，这不准确。认为**每个人都会背叛自己**，也站不住脚。不忠的风险从低到高不等。我们需要做出准确的判断，这样才能更好地保护自己。

这一部分还会帮助我们理解究竟什么问题可以解决，什么问题不能解决。所以，我会列举一些相关内容，供大家思考。

（1）初级不忠

大多数情况下，发生不忠行为是因为亲密关系中缺失一些东西。其中一种典型就是伴侣在一起很长时间后，激情褪去，关系会变得平淡。在恋爱初期，我们时常会小鹿乱撞，怦然心动。我们会付出额外的努力，让对方感到特别和被需要。我们会格外注意卫生，会倾听、在乎对方说的每一个字。时间久了就逐渐流于形式。这其实是一项很艰巨的任务。我们会分心，因为还有很多其他事情需要我们去做，没有足够时间或精力。当两人不再费心经营时，这段关系就有可能出现弱点。如果有一方存在未被满足的需求（无论他们是否知道），就很容易向外寻求相应需求的满足。

由这类不忠引发的关系破裂绝对可以修复，只要双方都愿意承担自己的责任。我会给大家一些时间进行思考，因为这听起来似乎难以接受。是的，双方都有责任。我知道人们很难接受被出轨方也有责任这一观点，但拨开云雾见青天，大家终会消除这一疑虑。我说的双方都有责任并不是在为出轨方开脱，这不能成为他们决定结束这段关系的借口。

有时我们需要专业的咨询来治愈创伤，找出问题点，并制订改变计划，有时则不需要。更重要的是，我们能够从错误中吸取教训，并制订一项可以查漏补缺的可持续计划。

（2）不匹配

这种类型的不忠发生在性格迥异的两个人身上，他们本来就不应该在一起。双方秉持不同的价值观，拥有不同的兴趣或性格，这种不匹配会导致其中一方背叛这段关系。有一些差异很好，但太多就会让彼此的感情出现弱点，无法被修复。每个人都是独一无二的，即使他/她想改变，也不会长久。接受这一点会让人大失所望，因为他们还想在一起，但这种否认现实的想法是不会实现的。

（3）和问题更复杂的人结为伴侣

最后还有一种情况是伴侣双方有一方遭受过严重的心理创伤。我在第7章会更深入地讨论这一内容。我认为这些人导致的不忠是例外，而不是常规。不忠的缘由通常会更世俗，如无聊。

（4）心理不正常

那么，该把谁归入最后一类呢？大家应该都知道答案。

这一类别只适用于由一方过错造成的不忠。这些人在相处过程中，由于心理不正常，会做出明显的不当行为。有些人性成瘾，有些人习惯性撒谎，有些人自恋，有些人没有同理心或良知，有些人需要过分关注。除了性瘾者，这一类别引发的问题很大程度上无法被解决。我相信只要性瘾者决心改变，便可以治疗。我在第7章并没有提到性成瘾，因为那一章谈及的都是那些无法做出重大改变的人。

3 偏误的解释

通常，被出轨方更喜欢为不忠寻找一些听上去更可靠的理由。我看到一些人会详细解释配偶出轨的原因，他们试图让我相信他们的情况很特殊，是例外。我明白这是因为没人愿意相信自己爱的人会做出这种事，这太让人痛苦了。他们仍然有一只脚踩在否认阶段，没有迈出来。

这些人寻求的"例外"指的是**局面复杂**，需要考虑很多因素，而不是于常规而言的特殊。我的意思是，这是一种逃避。不忠之人是明知故犯，作为有能力的成年人，出轨就是一种合谋。责怪伴侣出轨的对象确实更容易，但这并不是问题的关键。

我还听过另一种解释，被出轨方认为自己在某种程度上推动了另一方出轨，认为伴侣不忠是自己的错。她会想要是她能减掉10斤肉、做美容护理就好了。打住，这也是一种逃避。伴侣的不忠与伴侣自身和我们的选择有很大关系。伴侣可以简单地结束这段关系，或者和我们好好谈一谈，但对方并没有这么做。我们要为自己选择的处理方式负责，不要落入对方设下的陷阱，给予他们喘息时间或者直接原谅。

我们对不忠的解释往往可以追溯到自己的核心信念。即使我们意识到自己的核心信念是混乱的，重压之下，我们还是会遵循那些固有成见。因此，如果我们认为自己**不够好**或**不讨喜**，伴侣的不忠也只是进一步证明了这些想法。我们可能会认为他人不值得信任，而目前的情况似乎也证明了这一点。

要当心。我们的核心信念可能是偏误的、不正常的。当我们通过这些镜头过滤数据时，它可能看起来与我们自认为的对世界、自己和他人的了解相符——但请记住，"过滤器"本身是有偏误的。我们要捕捉以下由此产生的消极自我对话：**我完蛋了，我受不了了，没有人会对我忠诚，这都是我的错**。这些都不是真的，它们只会让我们感觉自己发疯了。

我想让大家都记住：一段没有信任的关系注定会失败。我们为什么要维系这样的关系呢？扪心自问，我们是否真的相信对方会在我们遇到困难或需要帮助时，无条件地站在我们这边。听从自己的直觉，强扭的瓜不甜，我们不能强迫别人忠诚。我们值得更好的，也会拥有更好的伴侣。

实现方法：

- 哪些核心信念会影响自己对不忠行为的理解？与此相关的自动思维是什么？这些想法是否有帮助？我们有做错什么吗？大多数时候，后两个问题的答案都是否定的。思考一下信任问题。我们是否在告诉自己，如果努力控制所有变量就会很安全？结果又如何？在这个过程中我们失去了什么？

4 越来越好

发现被背叛时的痛苦难以承受，以致人们无法正常思考。在最初的时日里，只是活下来就行，想法在"**这不可能是真的**"和"**这竟然是真的**"之间来回跳动，情绪就像坐过山车一样极速变化（见第3章）。

如果这段关系无法维持下去，那就只能自我保护。最重要的是，这是与爱我们的家人和朋友在一起的最佳时间。这些人也需要成为我们把握当下的助力。我们不想再听任何人说"早告诉过你了"，不想再被评判或轻视。我们需要的是能帮忙减轻痛苦的朋友。他们会无视拒绝，把我们从床上拉起来，拖出去吃午饭。他们会带我们去上健身课，让我们笑出来。当我们想打电话给前任，主动服软时，他们会让我们清醒。我们会希望朋友和家人能用爱和接纳让我们痊愈，会希望有人能揭穿我们胡扯的解释和想法，让它们消失。

不要把自己封闭起来，阳光下的生活非常美好，起床活动一下。不要联系前任,那纯粹是在吸毒气。现在正是疗伤的时候。

此外,不要花时间调查伴侣的出轨对象,他们无法让我们更好地了解自己。我知道有些人痴迷于了解对方的种种细节,就好像他们可以从中发现自己缺失的东西,或者可以弥补自己的缺点,但是"**第三者**"那里什么也没有,别再纠结了。

好吧,我知道大家其实都很想放下,但这并不容易。

虽然我的确相信在伴侣的出轨对象身上找不到什么,但我也知道大多数人都无法放下。他们想知道更多,这很自然,也很正常。然而,我担心的是人们会进行比较,例如,**她有什么是我没有的?** 而这可能会让不忠的焦点从伴侣转移到另一个人身上,或者更糟,转移到我们自己身上,以致开始懊悔自责。我说"别再纠结了",是想让大家保护自己;但这又是一些人旅程中必须要经过的一站。

有些人需要看到并处理残酷的真相,才能面对丑陋的现实。关于第三者的细节以及伴侣出轨的深浅程度,可能会加固他们一直逃避的某些事实。

然而,我要提醒大家,如果继续调查细节,一定要对自己诚实。我们发现的内容可能会比预想的要多很多,感受到的痛苦也会更刻骨。最好找一个朋友陪伴自己,以防我们偏离初衷,并帮助我们应对发现的一切——再说一次，不要比较。被自己发现的东西左右情绪，让自己更难过才是最大的悲剧。

虽然我出于风险太高的考量，建议大家不要纠缠不忠的细枝末节，但我尊重和敬佩那些在进入接受阶段之前，依旧要这么做的人。不过还是要提醒大家谨慎对待，要做到心中有数。

请记住，出轨的原因只与出轨之人或这段关系有关，与被出轨方无关。即使被出轨方是一个彻头彻尾的坏蛋，出轨也取决于出轨方，而不是被出轨方。我们都没有那种思想或行为控制能力。

一旦决定结束这段关系，就没有必要继续纠结不忠问题了。还有什么意义呢？还是那句话，翻篇吧，恋爱脑。

是时候开始向前看了。我们能学到什么？以后的路要怎么走？我们希望自己的生活发生什么变化？而且，我希望大家不要把每个人都会出轨挂在嘴边。虽然我认为每个人都有可能出轨，但我也相信出轨并非不可避免。人类是有额叶的，具备成熟的处事能力，也有说"不"的能力。亲密关系需要永无止境的大量努力，这并不总是有趣的，但也不等同于不忠。

但是我希望人们不要把关于自己的偏误和无用信息带入未来的亲密关系，这对所有人都不公平。当然，我们需要大量的反思和努力。这也是写日记整理想法的好时机，随着时间的推移，我们会获得新的视角。最后，我猜大家会很高兴把背叛自己的混蛋扔下，跟出现在后视镜里的他们彻底道别。

> **实现方法：**
> - 不忠导致的痛苦逐渐消退后，事情分析起来就清晰多了。我们有什么教训对未来的亲密关系至关重要，我们要如何看待这段经历？它会成为我们前进的动力还是阻力？把这一切都写下来。

第 7 章

应对人格障碍者

本章重点讲述的人格障碍者包括自恋者、依赖者、反社会人格障碍者、施虐者和胁迫者,并探讨如何与其分手。

与本书其他章节不同,这一章切入分手的角度是想要(主动)摆脱这些人格障碍者。我们会感觉五味杂陈,既想离开,又想留下。但在这里,我会默认大家知道自己需要远离这些有缺陷的人,旨在帮助各位清楚地了解到自己并没有失去理智,并培养必要的自我保护技能,使用 MOMF 法安然无恙地渡过这一劫。

1 自恋者

泰丽莎非常漂亮。吉恩遇到她时，就很惊讶她对自己长相的自信，因为他过去总认为女人在外表上更加缺乏安全感。他觉得和泰丽莎在一起很幸运，所以对她倾尽所有、宠爱有加，就好像她是一个稀世珍宝。泰丽莎照单全收，而且似乎总是想要更多。当然，吉恩也很乐意满足她的需求。一开始还好，但后来她开始频繁地责怪他没有给她什么，没有为她做什么。她对赞美和关注的渴望似乎永无止境。每当吉恩提出他的需求时，她都会很快把话题转回到自己身上。对于吉恩面临的压力或缺乏的资源，泰丽莎似乎无动于衷，好像她只能看到自己的欲求。

吉恩注意到她开始忙得顾不上他了。她经常和朋友们一起出去，炫耀不知道从哪里弄来的新东西。最终，吉恩震惊地发现她劈腿了。为了给她添置新衣服和珠宝，他在经济上已经透支了。由于很少拒绝她的要求，他的信用卡负债非常高，而她似乎完全不在意。最重要的是，泰丽莎对吉恩在她和别人约会这件事上大做文章，感到不满。难道他不明白她太特别了，不能被他的平庸束缚吗？她完全不顾及他的感受，只是责怪他没有达到她的期望。她把他利用完又弃之如敝屣，他变得心灰意冷。

当他在舔舐伤口时，泰丽莎会打来电话或顺道拜访，就好像他们还在约会一样。她期望他会对自己宠爱如初，会在各种令人困惑的信息之间掺杂着奚落。吉恩对此很是不解，他很高兴见到她，但同时也感到仇恨在滋长。他觉得自己快要失控了。

分手本来就很可怕，但和自恋者分手就像核爆炸一样，尤其是当我们主动分手的时候。这是因为自恋者非常擅长防御，可以做到滴水不漏。他们也无法忍受被拒绝，所以一定会将责任推到我们身上。

自恋者充满魅力，是操纵方面的专家。他们善于用谎言愚弄人，将事实扭曲到无法辨认。事实上，大多数与自恋者有关系的人，都会质疑自己精神失常。

自恋者非常擅长操纵事实，以至于他们周围的人都会怀疑自己和自己对现实的理解。这都是因为自恋者在任何情况下都不可能接受任何指责，完全不可能，绝对不可能。他们很擅长转移话题，所以什么都听不进去。我们可以把球抛出去，但还没看清就会被迅速、猛烈地击回。

煤气灯效应（gaslighting）是一种虐待和控制手段，

自恋者和其他人格障碍者使用这个手段非常得心应手。这一效应指一个人反复编造谎言，以严重伤害他人的方式破坏另一个人的声誉。这些谎言讲得够多、够真实，以至于被操纵者也开始相信它们是真的。对自恋者来说，这是一种操控思想的有效策略。

例如，自恋者可能会一遍又一遍地告诉某个人说她疯了，同时也向其他人传达此信息。时间久了，尽管这只是出于施虐目的而编造的谎言，被告知这件事的人也会开始相信这是真的。

请记住：被自恋者欺骗并不说明软弱或容易受骗，也不代表愚蠢或天真。自恋者很有魅力，这就是他们能够获得其他人青睐的原因。他们能凭直觉迅速对人做出判断，并利用他们的弱点。他们总是善解人意，甚至会让人觉得自己以前从未被理解过。自恋者在短时间内就能够传达一种深刻的联结感，这是他们操纵他人的一种手段。自恋者能够凭直觉识别他人的敏感区，并加以利用。

我不相信所有自恋者的初衷都是利用他人。换句话说，我不相信所有自恋者都会有意识地对自己说："我要做这个，还有那个，来利用别人。"他们只是不自觉地会这样做，天性如此。他们不知道如何才能停止这样的行为。利用他人是为了得到自己想要的东西，而自恋者会不惜一切代价达成此目的，从不间断，也绝不回头。他们只是在做自己知道怎么做的事情，但这并不意味着它是对的或好的。我知道大家想听什么，我的观点是：**不，他们不会改变**。

我再说一遍：自恋者不会改变。为什么这一点如此重要？因为有些人认为自恋者在得到专业的帮助后会成为一个更好的人。不幸的是，这行不通。是的，自恋者可能会在伴侣发出最后通牒后接受治疗，但治疗的重点最终会落在如何应对那个唠叨的人，那个让他发疯的人，那个"坏女人"身上。自恋者会告诉心理咨询师那个坏女人做了哪些事情导致他行为不端，他们最终会把注意力集中在那些引发这一切的人身上，永远不会认为自己做错了什么。他们根本不可能愧疚自责，因为自恋者永远不会承认自己的行为有问题。他们总是会有预先声明，矛头也永远指向他人。

为了帮助大家进一步理解自恋性人格，我有必要说明它的形成方式。通常，这种性格缺陷是儿童在发展关键期出现发展抑制（developmental arrest）的结果，可能是由于父母的虐待、忽视、过度批评，或者缺乏父母的爱。发展抑制的成因有多种，包括某种遗传倾向，我们可以将其视为人格配方中被遗漏或被遗忘的关键成分。这个人的身体在继续发育，但没有发展出相应的依恋能力。这很可悲，而且我们永远无法补救。他们不会因为我们的爱而成为一个更好的人。

有正常依恋能力的人会花无数时间去理解为什么自恋者会做出不好的选择，为什么自恋者不会表现出健康的爱，为什么自恋者不会改变。答案是：自恋者的人格配方中缺失关键成分，并不具备做这些事情的能力。

他们缺少的关键成分是推己及人的能力。自恋者注意不到别人的观点，也无法感同身受，因为他们只能站在自己的角度考虑问题。因此，自恋者学不会健康爱人，永远缺乏依恋的能力，他们的心并不完整。健康的成年人都有一颗完整的心，所以他们不太能理解自恋者为什么没有。这一切似乎都令人费解，但我保证，试图理解只会给我们带来更多的挫败感。这个问题没有答案，继续深究只会让我们更困惑。而解释自己立场的行为在心理上相当于撞南墙，受伤的只有脑袋，对墙一点影响都没有。

自恋者在一段时间内会表现得好像自己很有心一样。他们会模仿爱并刻意展示出来，但这不是健康的爱。他们没有真正用心，不过又是为了得到自己想要的东西而进行的一种习得性操纵。

所有这些都严重扰乱了具有正常依恋能力的成年人的大脑，再加上自恋者高水平的责怪伴侣能力，结果就使这些人会觉得分手是自己的错，是自己的问题，所以需要得到帮助来修复这段关系。他们渐渐沦为自恋者的理想伴侣。更糟糕的是，具有正常依恋能力的人认为自己需要帮助。因为只有这样，才能帮助自恋者停止不良行为。

说到这里，也许大家会发现自恋者很容易被那些具有高度同理心，欠缺边界感的人吸引。他们喜欢可以轻易被自己谎言愚弄的人。有依赖共生（codependency）问题的人对自恋者也存在强烈吸引力，因为依赖共生性强的人的忍耐能力也极高。他们会认为<u>自己</u>是罪魁祸首，然后试图解决这一切。

这两者的结合可能会带来伤害。当一个具有正常依恋能力和一个没有依恋能力的成年人在一起时，问题就出现了。正常一方很难放手离开，因为他们无法理解另一个人不会变好这一事实。因此，具有正常依恋能力的人，往往需要很长时间才能恢复。

以下是我对那些与自恋者分手的人的恢复建议。

（1）要认识到自恋者永远不会改变，他们也看不到真实的自己

这很可悲，但又何尝不是一种解脱，因为我们终于可以放手了。要记住不是我们的问题，而是他们的问题……不要往心里去。

（2）尽快停止所有联系

自恋者希望成为人们关注的焦点，并从中得到满足，所以他们必须得到关注。他们需要认识到自己很重要。起初，即使我们试图驱逐，他们也会强行融入我们的生活。这就是他们的套路，这些人会想方设法操控我们。只要能和我们重建沟通，他们会说可以做任何事情，包括虚假的道歉、蹩脚的借口，或者一些引起同情的理由。不要上当，他们最终会默默消失的。不要给予任何关注，不要满足他们对关注的渴望。即使是小小的关注火花也会点燃火焰，延长我们的痛苦。不要回复邮件、短信或电话！

（3）与朋友、家人和支持你的人在一起

让他们为自己建立一层保护，并在自恋者开始尝试达成目的之前制订好计划，必要时请亲朋好友保护我们，或者至少提醒我们可能已经忘记的关键事件。事实上，最好把自恋者对我们造成的伤害记录下来。如果感到脆弱，就去参加不同的活动让自己忙起来。

（4）戳穿自己编造的悲伤谎言

如果注意到自己被自恋者的想法影响，请热爱生命，捕捉以下这些暗中使坏的自我对话：

- 这是我的错。
- 也许是我误解了。
- 也许我还不够努力。
- 也许他可以通过治疗好起来。

> - 我们曾经有过那么美好的时光，我不愿放弃。
> - 他为我做了很多，他在我需要的时候帮助了我，他帮我渡过了难关或战胜了疾病。

反驳回去，不要给这些想法任何生存空间。使用MOMF法告诉自己：

> - 这不是健康的爱。
> - 我已经忍耐很久了，我做的一切都徒劳无功。
> - 为什么我的朋友和家人都认为他是个坏人？亲爱的，这趟旅程结束了。

自恋者就是想让一切都以他为中心，我们不能随他心意。不要让自己满脑子都想着他，不要让他成为我们心中的毒瘤。

（5）善待自己

锻炼身体，健康饮食，做有趣的事情，享受大自然，给自己痊愈的机会。当脑海中浮现批判性想法时，就让它们而不是自己滚蛋。要像对待朋友一样对待自己。任何责备都是自恋者在捣鬼，自责也不例外。不，我们绝不能接受任何指责。给自己设定一个"咒语"，比如，"去他的""闭嘴"或者问一句"这是真的吗"。只要出现自责的想法，就立即使用。

（6）写日记

写更多日记，宣泄我们的情绪，注意自己的成长，打起精神。最后，写下曾经错过的危险信号，忽视自己直觉的原因，以及如果能回到过去，会有什么不同的做法……或者下次再遇到像他们一样的人，又该如何应对。准备好了就给曾经的自己写封信，想一想会给自己什么建议。我们可以使用MOMF法：臭女人，看到这个人就麻利跑开。但同时也要善待自己：哦，亲爱的，我知道由于小时候缺爱，你现在非常渴望爱，但你值得拥有更好的爱人。

（7）写下童话故事

写下那个我们在脑海中创造，并与现实做过对比的童话故事，诚实地告诉自己其中编造的部分都不是真的。也写下那个我们明知无法得到解决却坚称可以挽救的童话故事，也许我们太希望它是真实的，以致对自己撒了谎或忽视了真相，但自恋者没有权力在一段真正亲密的关系中夺走我们想要的东西，除非我们赋予他这种权力。

（8）不要事事都围着自恋者转，那是他给我们洗脑的结果

我们要学会停止这样的行为，关注自己的想法，可以自行决定究竟要花多少时间思考这些想法。虽然我们无从

控制那些想法的突然出现,但是可以控制自己花多少时间在反刍上。每一次反刍都是在给予自恋者力量和关注,我们其实可以随时停止这些不好的行为。是的,我们就是这么强大。

2 依赖者

卡米拉是一个很强势的人。她知道自己想要什么，也都一一实现了。她在一个朋友的聚会上认识了马尔科。他并不是她喜欢的那种类型，人很随和，很少发表意见，基本上就是人云亦云。但她当时被这一点吸引，因为她想做发号施令的那个人。此外，他还很听她的话，会高度重视她的建议。

随着关系越来越深，卡米拉开始质疑马尔科的能力。如果她让他做什么，他会去做，但除此之外，他似乎没有多少动力。他喜欢玩电子游戏——非常喜欢。当她问他为什么不能在工作中更积极进取时，他变得神经质，开始频频抱怨。马尔科的自我怀疑似乎让他失去了思考能力，只能不断央求卡米拉告诉自己该怎么做。他开始频繁地请求她的帮助。

有一天，卡米拉意识到他们的相处模式完全变成了母子。她不得不承认，她开始讨厌马尔科了。她甚至开始不喜欢自己，因为她对他太刻薄了。她不知道如何停止这种畸形关系，也不知道该如何离开，因为她担心马尔科没有自己会崩溃。事实上，他也这样说过很多次。她过去以为他只是在表示感激，但现在看来他确实是这么想的。她完全被困住了，甚至觉得自己有点卑鄙。

卡米拉与一个有依赖问题的人建立了恋爱关系。这类人非常需要帮助，光是想到和他们交流就可能让人筋疲力尽。在一段关系中就体现为，他们没有了我们似乎就无法生存。起初，被伴侣依赖和需要的感觉很美好，但很快就变成了一种束缚。

拥有依赖型人格的人是被动的，很难做出决定，就好像他们需要有人一直告诉他们该做什么。这类人有一种黏人的天性，但给人的印象不是强大和控制，而是软弱和可怜。我们很容易为依赖性强的人感到难过，因为他们看起来很脆弱、敏感，就像成年人的身体里住着一个年幼的孩子，他们需要不断得到安慰。

依赖者似乎不知道如何应对或独立生活。他们有很高的情感需求——需要安慰、建议和支持，而这会让身边的人很累。

在收拾烂摊子和弄清下一步该怎么做的时候，感觉更像是养育孩子，而不是结成伴侣。与依赖者谈恋爱常常会让人感到愤怒、怨恨、沮丧、内疚和悲伤，所以伴侣会非常想要离开他们，但这又会让人感觉像是在抛弃一只无法独立生存的宠物。听起来好像没有什么大问题，对吗？但是我必须告诉大家,如果对自己的伴侣有这种感觉,你们就不是成人式关系。

与自恋一样,依赖的根源可能要追溯到童年和遗传倾向。依赖性强的人从小就没有学会独立生活的技能,可能是因为家里曾经有一两个照顾者做得太多,但问题不在于过度宠溺。依赖与"**我自己做不到**"这一核心信念有关。依赖者的问题不仅是想要别人解决问题或提供帮助,更多在于"需要帮助"这一想法本身。他们得不到帮助就不知道该怎么办,根本的问题在于核心的自我意识。

虽然我觉得通过强化治疗可以在一定程度上改善依赖问题,但仍然有很多需要注意的地方:第一,依赖者必须全身心投入学习独立的过程,还必须具备深刻的自我反省能力,并能容忍审视别人如何看待自己时产生的痛苦情绪。这需要勇气、毅力和恒心,也需要时间,可能需要多年的稳健治疗,才能看到富有成效的变化。第二,最终的结果不会是这个人从此**不再**依赖他人,而是依赖性会**降低**。第三,或许也是最重要的一点,任何人在与依赖者交往时,都必须确定他们之间的关系动态是否**可以**改变。依赖型人格容易被控制型人格吸引(反之亦然),只有远离那些总是试图拯救世界、控制和解决问题的人,才能有所改善。此外,伴侣需要确定自己能否克服对依赖者的愤怒、沮丧和怨恨,是否愿意冒险让生活停滞不前。如果两个人无论如何都想在一起，改变可能永远都不会发生。给予者和索取者之间的关系动态实在太强烈了。如果有人决定无论如何都要将这段关系坚持下去，那么理解**为什么会出现这种心理**就变得非常重要。

以下是我对与依赖者分手的人的恢复建议，采用部分自恋者一节中提及的建议。

（1）切断联系

继续联系只会让我们更难过、更内疚、更痛苦，继续相互汲取能量对双方都没有好处。虽然切断联系会让人忧伤（因为我们会担心对方），但是只要我们留在那里挽回局面，真正的改变就不会发生。离开反而是一种善意行为，因为我们将不再提供支持。难过也只是一时，会好起来的。

（2）接受心理治疗

更深入地了解自己为什么会忍受这些乱七八糟的事，我们在用错误的方式来满足自身的什么需求？怎样才能更好地控制自己的欲望？我们错过了什么危险信号？需要做什么来确保这种事情不再发生？

（3）记录自己的想法和感受，忍住想要联系对方的冲动

前任只有在我们离开之后，才会开始治愈。

3 反社会人格障碍者

阿什蒂和诺亚是在工作中认识的。诺亚非常有魅力，在阿什蒂的公司担任信息技术顾问。一次，他帮她解决了一个复杂的工作难题，之后两人便约定一起去喝一杯。接下来的事，大家都知道了。

阿什蒂完全被诺亚迷倒了，她最欣赏他的一点就是他能用自己的方式谈成任何事情。他们外出时，可以享受很多升级服务以及插队这样的特殊待遇。

随着时间的推移，她注意到他比自己更喜欢破坏规则。偶尔，他也会说漏嘴，透露自己在工作中骗取别人钱财或利用某种情况牟取私利。阿什蒂对此不以为然，但她告诉自己这是因为诺亚过人的创造力。她认为他不是一个坏人，绝对不是。

她开始识破他的谎言。有时他会花很多时间向她解释，说她误解了他；有时他会说，她只是不明白他为什么要撒谎；有时则使她相信，这一切都是她编造的或误解 /

听错了。诺亚把自己的责任撇得一干二净。

有一天，她发现他在用电子设备监视一位同事。她吓坏了，这也导致两人之间出现了更多不信任。尽管阿什蒂仍然爱着诺亚，但她还是决定结束这段关系。

诺亚并没有坦然接受。奇怪的事情开始发生在阿什蒂身上。她的身份被盗用，电脑也被黑客入侵。她觉得自己被监视了，于是报了警，但她还是很担心自己的安全，总觉得他正在暗中观察她。他还在公司给她造谣，给她的老板带来了一些麻烦。甚至有警方联系她，说诺亚控告她骚扰。她不得不去了一趟警察局，还打电话请了律师。阿什蒂担心这种情况永远不会结束。一方面，她知道诺亚有能力伤害她；另一方面，她又不想接受他会伤害她这一事实。

这太可怕了。反社会人格障碍者缺乏良知和同理心。他们一心只想成为[头号人物]()。法律、规则和社会规范对他们来说并不适用，仅仅是建议而已。反社会人格障碍者会竭尽全力得到他们想要的东西，即使这可能会摧毁他人，他们也不会内疚或悔恨。

这对正常人来说，很难理解。正常人会感到内疚、悔恨和同情。我们无法想象会有人感受不到这些东西，所以会否认与我们交往的人是坏人。这会对我们产生什么影响？承认我们现在或曾经与一个反社会人格障碍者交往，就是承认我们自己也存在一些问题。例如，我们可能不得不承认自己否认过事实，或者至少是对事实视而不见。我们可能对不良行为过于宽容，或者为其找过借口。意识到如此艰难的处境也有自己的部分原因，说实话感觉并不好。

反社会人格障碍者和自恋者非常相似。事实上，我们可能会认为他们是自恋加不道德。同样，这一问题产生的原因需要追溯到反社会人格障碍者的童年时期，他们没有发展出相应的依恋或关心他人的能力。反社会人格障碍者从未形成对与错的观念，不能站在他人的角度考虑问题，没有同理心。他们只能通过自己的眼睛看问题。然而，令人困惑的是，他们可以不露破绽地假装关心别人，假装看到别人的观点。他们是行骗高手，是玩弄他人情感的专家。矛盾的是，反社会人格障碍者在完全不理解他人感受的情况下，居然能很好地利用其情绪对付对方。

反社会人格障碍者能够对他人的生活造成各种伤害和破坏，因为他们认为只要自己想要，就没有什么是不能做的。不过，最严重的还是他们对他人造成的情感伤害。反社会人格障碍者往往很有魅力，而且擅长在情感上欺骗他人。因此，他们稍费心思就可以获得他人的信任，走进他们的生活，然后弄得一团糟，却没有一丝悔恨。

反社会人格障碍者是不会变好的。与自恋者一样，他们所受的伤害可以追溯到童年，通常与早年的虐待和忽视有关。不幸的是，这种伤害是不可逆转的。心理治疗不仅**没有**用，而且要禁用，因为反社会人格障碍者在治疗中无法做到诚实，治疗只会浪费时间。所以你没有必要因为和反社会者交往而自责。我们每个人都有弱点，只能怪自己太过善良，总是轻信他人；也可能是因为没有跟随自己的直觉。

以下是我对与反社会人格障碍者分手的人的恢复建议，采用了部分自恋者一节中提及的建议。

(1) 保护好自己

与其毫无准备，不如做最坏的打算。在确信那个人彻底离开之前，不要放松警惕。可以和朋友待在一起。采取额外的安保措施，使用物理和电子设备确保人身和网络安全。可以考虑向警察申请人身安全保护令。一定要保证自己的安全。

(2) 切断联系

不要自欺欺人地认为我们可以安抚或智取反社会人格障碍者。记住，这是他们的专长，我们不可能打败一个职业玩家。不要给钱，不要上当受骗。反社会人格障碍者喜欢看到我们恐惧的样子，如果屈服于此，就会形成固有模式。我们能做的最好的事情就是忽略、忽略、再忽略，包括大多数类型的攻击（除了物理攻击）。不要做出反应或采取报复行为！这就是他们想要的。

（3）放聪明点

动动脑子，不要让情绪影响决定。和那些会对我们说真话并帮助我们做出正确决定的好朋友在一起。

（4）告诉自己一切都会好起来的

只要与他们保持距离，就会好起来。最终，反社会人格障碍者会转向别人。永远不要回头。

4 施虐者

很多年前,我还在上大学。为了迎接大四生活,我租了一间可爱的小公寓。这一隐秘宝藏就在房东太太住处的正上方。它干净、安全,显然有人精心打理过。我感到很幸运。

在此期间,我在一家家庭暴力庇护所做志愿者。我的主要职责是接听家庭暴力热线的紧急电话,所有来电都会被呼叫转移到我的家庭电话上。大多时候,这项工作都是在接听那些处于虐待关系中的女性打来的电话。有时她们只是想聊聊,有时她们想知道有什么可利用的资源,有时她们希望有人可以帮助她们逃离魔爪。这感觉不错,因为我可以安全地坐在沙发上做这项工作。

作为一名志愿者,我被反复灌输的一点就是离开虐待关系是虐待循环中最危险的时刻。直接告诉某个人要离开是不合适的,因为这不是那么简单的事情。这也是想离开的人最有可能被杀害的时候,所以不能掉以轻心。

这里存在非常现实的安全问题。关键是要做好应急计划，筹备资金，收集重要文件以及准备必需品。就算一切可行，这些事情也需要时间和仔细斟酌。有时，人们选择不离开虐待关系是因为相比冒着被杀的风险，留下显然更安全。这是一个令人备受折磨的两难选择，特别是涉及孩子的时候。

总之，特别具有讽刺意味的是，在我接听这些电话的时候，我也在担心自己的安全。我的房东太太有一个身材非常壮硕的同居男友。我经常听到他们吵架，场面一度很危急，非常危急。因为在大多数的情况下，我只能听到他的吼叫，而且听起来很暴力。我经常会吓得不敢动弹，非常担心他会杀了她，然后再过来杀掉我这个目击者。

每次外出，她都化着厚厚的妆，可能是为了掩盖瘀伤。她大约一米五，身材瘦小。很多次我都想对她说我能帮上忙，但我不知道该怎么说。所以，最终我什么也没说。

我不知道该怎么办。我应该帮忙吗？报警？要不要做点什么？还是什么都不做？我被吓坏了。我不想让事情变得更糟，不想让他来找我麻烦，不想被赶走。我仅仅瞥见了受虐者经历的恐惧和麻木的一角，只能想象那是什么感觉。

鉴于这一经历，我首先想说的是，要谨慎对待离开受虐环境这一选择。如果可能，应该考虑周全，做到有计划、有安排，这样才能更安全。但我也承认，事情不可能总是按照我们的愿望发展。有时候，我们必须先在能离开的时候离开，剩下的事以后再处理，不存在放之四海而皆准的方法。

我想让大家知道，我们都不是孤身一人。即使从未相识，也有很多人在关心我们。最重要的是，我想让大家知道，没有人应该受到虐待。我们过去做过什么不重要，做了什么决定导致当下这种情况也不重要。我们的长相、受教育程度、成长经历或者犯过的错误，都无关紧要。除了自卫，任何人都没有理由对他人施以暴力。

许多人被洗脑，认为是自己说了什么或做了什么才被虐待。除非我们对别人有某种精神或行为上的控制（提示：这是不可能的），否则我们不能对他人的选择负责。虐待和暴力是一种选择。我再说一遍：虐待和暴力是别人做出的选择。有人可能会告诉自己，伴侣只是**无法控制自己**，但我保证，他可以，他只是不想而已。

洗脑和现实中对更多暴力的恐惧将人们困在虐待关系中。他们相信是过去的决定导致了当下这种情况，所以深感内疚。他们认为自己不值得更好，也担心其他地方不会比现在更好。虐待关系至少有一些可预测性，他们不愁食物和住所，这比在其他地方得到的保障可能要更多。

所有这些都解释了为什么受虐者会留下来。

我希望大家都可以明白自己有希望，也有选择。虽然离开并不容易，也不会有什么万全之策，但是除非我们下定决心离开，否则不会发生改变。不过，与其他关系不同，我还是建议大家谋定而后动。

以下是我对如何离开施虐者的建议，采用自恋者一节中提及的建议。

（1）我希望所有人都把自己的安全放在第一位

就算是多此一举也没关系，安全总比后悔好。我也恳请大家咨询当地的家庭暴力热线。因为这些人是专家，他们想的远比我们要周全。他们可以提供资源、有益的指导，甚至免费的法律援助，还有针对成人和儿童的咨询和团体治疗。受虐者可以和那些有同样经历但已安然无恙的人交谈，这很有帮助。家庭暴力庇护所会提供食物、衣服和住所，地点也是保密的，所以施虐者找不到那里。除此之外，他们还有安全保障。受虐者并不孤单，家庭暴力项目知道他们正在经历什么。我相信他们听说过各种各样的虐待，会站在受虐者这边，会不加评判地提供帮助。

（2）虽然我们有害怕的理由，但决不能让恐惧阻挡我们对不同生活的憧憬

我们应该让恐惧指引自己做出正确的决定，而不是感到麻木或任其阻止我们奔赴更好的生活。那是洗脑、是控制，而我们有跨越一切障碍的能力。它就存在于我们内心，静待我们重新发现。我强烈建议大家接受专业咨询，这样可以更好地处理、理解创伤，并学会管理创伤后遗症。出路就在那里，只是有时候我们需要他人为我们点亮一盏灯，让我们看见它。我再强调一次，你并非孤身一人。

（3）你是值得的

我不能保证前路一帆风顺，也不能保证会有童话般的结局。我只能告诉大家，你值得更好的生活。无论以前做过什么选择，你都值得被善待、被尊重，应该有安全的住所。

5 胁迫者

丹尼尔和露西已经交往了 9 个月。大部分时间两人相处得都不错,但他们之间的差异实在是太大了。丹尼尔一直在接受心理治疗,并且发现露西并不适合他。他在咨询上花了不少时间,只想找出告诉露西这一消息的最佳方式。丹尼尔是个好人,所以最后决定当面说清楚。

一天晚上,他们约好一起吃晚饭,然后丹尼尔直接告诉露西一切都结束了。露西深受打击,不禁哭了起来。她说她不想过没有丹尼尔的生活,不停地说着丹尼尔对自己有多重要,说和他在一起后自己才变成了更好的人。露西说在他们相遇之前,一直在服用抗抑郁药;但和丹尼尔在一起后,不再需要这些药了。丹尼尔来之前受到了心理医生的良好指导,所以他坚持住了自己的立场,结束了这段关系。虽然他感觉很不好,但他必须这么做。

露西开始给丹尼尔发短信说她要自杀,说她已经没有活下去的价值,也没有活下去的意义,她开始斥责自己。

起初，丹尼尔还会回复消息，试图说服她，让她平静下来。他甚至同意去她家安慰她。但这也给了露西希望，她千方百计地接近丹尼尔，试图修复他们的关系。丹尼尔没有让步，但也开始怀疑自己的决定是否正确。

他感受到了巨大的压力，因为露西的父亲在她很小的时候就去世了，而且她和母亲关系也不好。露西还是独生女，没有什么朋友。丹尼尔觉得露西唯一的情感支撑就是自己，而他现在也离开了。丹尼尔很难接受他要为露西伤害自己的行为负责，即使露西一见到丹尼尔就说自己的命掌握在他手中。

丹尼尔在生气和受困之间摇摆不定。他和他的心理咨询师讨论了这个问题，试图找到正确的解决方案。这是一个道德上的决定，对吧？他必须做出正确的选择，这样露西才安全……至少他是这么想的。

虽然前文提及的所有人格障碍者都会用伤害自己来威胁、控制想要离开的伴侣，但胁迫者本身可以成为单一类别。这一类别涉及极端情感操控，我特别关注的原因是它实在太常见了。

胁迫者指那些会威胁说"如果你离开，我就会伤害自己"的人，尤其是"如果你离开，我就自杀"或者"没有你我活不下去，我宁愿去死"。这种情况对我来说已是司空见惯，但会让那些想要离开的人非常不安。

和大多数相爱过的人一样，想要离开的人感觉被束缚住了。他不能为自己的幸福去做他需要和想要做的事，因为另一个人可能会死。这个责任太大了。知道自己在伤害别人是一回事，被告知如果离开对方就会死，那就完全是另外一回事了。

这些人现在觉得自己要对胁迫者的生死负责，而这正中胁迫者下怀。他们使用这种策略的目的就是要紧握住伴侣不放，但这是勒索敲诈，都是胡说八道！

胁迫者为什么要这样做？很明显，这是一种意在扰乱前任思维，把对方留在身边的情感操控。我要明确指出的是让他人对胁迫者自己的选择负责非常不公平，这是一种终极逃避行为，是不恰当的。这种胡搅蛮缠本质上就是错误的。如果我们就此屈服，只会证明该方法的有效性，让胁迫者变本加厉。

不要被情感恐怖主义（emotional terrorism）挟持。如果有人选择伤害自己，那是他**自己**的决定。请记住，我们没有控制思维的特殊能力，无法控制别人的选择。

我一直在讨论的是那些使用威胁手段来控制他人的真正的坏蛋。但与此同时，我们不能排除有人确实患有抑郁症或其他精神疾病。他们在失去爱人的时候，的确有可能考虑自杀。如果分辨不出情绪操控和真正的威胁，没有关系，这也不是我们的任务，报警吧。一旦有人威胁我们，就只能求助警察了。应急机构的任务就是，为有需要的人进行紧急救治。这也是我们能为别人做的、最富有同情心的善举，因为如果那个人真的有自杀倾向，仅靠留在他身边是无法解决问题的。他需要专业的帮助，而我们的任务到此就结束了。

以下是我对那些与胁迫者分手的人的建议，采用自恋者一节中"实现目标"提及的建议。

（1）我们每个人都必须对自己的选择负责

威胁自杀是最极端的情绪操控方式，这就像在情感上挟持他人。自杀是一种选择，不能归咎于别人。感情总有结束的时候，而且绝大多数人不会自杀。事实上，即使是那些威胁别人说要自杀的人，通常也不会自杀。要说真有什么的话，胁迫者可能也只是通过展现伤害自己的姿态，来吸引更多的注意。在这种情况下，他们可能会无意中伤害到自己。这些人能有多任性？要知道这不是一场游戏。结束一段关系并不会导致自杀。我们没有责任为对方的任性买单，只需要照顾好自己。

（2）不要和胁迫者联系

显然，继续对话是无益的，只会给双方带来痛苦，导致双方都无法向前看。此外，不要与胁迫者的母亲、兄弟姐妹或其他家人交谈。这些人想让我们介入，是因为他们想要帮助自己爱的人（他们认为我们可以解决胁迫者发出的死亡威胁）。这是可以理解的，但是这对我们来说没有任何益处。把别人的愿望置于自己之上是不对的。注意，我这里说的是"愿望"而不是"需求"。他们需要的是专业的帮助，而这不在我们的能力范围内，所以尝试也没有意义。我们一直在讨论的都是别人的愿望，但其实我们只需要关注自己的愿望和需求。

（3）不向胁迫者妥协

虽然伤心在所难免，但只要不联系，我们还是会好起来的。时刻提醒自己妥协是无益的，是不正常的，这不是我们能解决的。

6 降低风险

唉，这一章的内容确实有些沉重。我真希望能给大家一个万无一失的方案，来避开拥有这些特质的人，但就算它存在，我也并不知晓。不过我可以向大家保证，只要做一件事，就可以降低和这类人格障碍者以及普通恋爱脑交往的风险。

稍等……答案即将揭晓。

降低对胡说八道的容忍度，一旦发现任何苗头，请马上离开。这可能会拯救你。我在本章详细描述的那些人经常会被性格超级好的人吸引，他们喜欢能忍受太多屁话的人（有关这方面的更多内容，请参阅第 8 章）。因为他们不会和离开的人纠缠太久。对经常拈花惹草的人少一点友善，谨慎对待那些经历不详，或者用自己现在和过去生活中的戏剧性事件来取悦我们的人，最好把标准提高到我们应有的水平。

我没有让大家做一个坏蛋的意思，这并不是解决方法。无论如何，我们的生活不是非黑即白的。除了做善良、富有同情心的救世主或是坏人，我们还有更多选择，只需找到其中的共同点。没有必要去忍受很多废话，不要再把这一切当作必须。

这并不是说，只要做了所有我建议的事情，就可以完全避免这些特殊类型的人格障碍者。我们都很脆弱，没有人能够幸免于被人利用。我只是说标准越高，甩开人格障碍者的概率就越大。

分手会让人心乱如麻，与人格障碍者分手更是如此。当和这些人发展亲密关系并且分手时，一切都会变得更加混乱，我们的痛苦也会加倍，而且这种痛苦似乎没有尽头。这是因为我们面对的人非常麻烦，极易受到伤害。我们不可能轻松地退出这段感情。这些人比普通混蛋更难应付，与其分手就像踏入雷区，我能做的就是帮助大家安全穿越这一雷区。

感情世界或许充满了博弈，祝大家好运。

第 8 章

边界感：胡扯到此为止

警告：这一章的内容会有些沉重。我知道，这本书的所有章节可能都让人沮丧。虽然我也不喜欢，但本章确实要比其他章节更烦闷。

虽然边界感话题看起来很简单，但它涉及的内容要深刻得多。边界是我们小时候经历的情绪学习的核心。这一章的见解可能比其他章节更切中要害，因为焦点从前任转移到了我们自己身上。

我们需要放慢阅读节奏，全身心投入其中，直至彻底理解。

1 马利克和克洛伊

马利克和克洛伊已经在一起 7 年了。他们第一次约会的时候正值二十八九岁，那时生活充满了乐趣。他们经常聚会，两人都玩得很开心，没有人因此受到伤害。但久而久之，马利克就不想再参加聚会了。他需要把更多的精力放在工作上，而前一夜的放纵总是让他第二天状态萎靡，无法专注。另外，他对聚会也没那么有兴趣了。与此相反，克洛伊依旧热衷于喝酒和社交。这引发了越来越多的冲突，克洛伊认为马利克非常"扫兴"，马利克则批评她"毫无节制"。

他们吵架越来越频繁，马利克开始为克洛伊查找药物滥用项目。他会向她介绍自己的发现，但她只会笑着告诉他不要像个老人一样。无奈之下，他去找了克洛伊的妹妹，一起密谋如何干预克洛伊。马利克发现自己花在收拾克洛伊的烂摊子上的时间越来越多，他要在她失职的时候为她打掩护，还得为改变她的生活方式和她争执。

马利克很生气，但他还没有做好结束这段关系的准备。他在一个单亲家庭长大。由于母亲常年不在家，作为家里最大的孩子，他在学会照顾弟弟妹妹的同时，培养出了强烈的责任感。

他和一个朋友分享了自己的挫败感，好友告诉他最好现在就分手。但马利克担心自己离开后，她的问题会变得更严重，她连自食其力都做不到。马利克告诉自己，克洛伊最终会醒悟过来，她只是需要他的帮助。

2　边界感学习

最重要的人际交往问题莫过于边界感。我们可以把边界感看作划定某件事结束和另一件事开始的界限。边界感很重要，通过划定边界，我们才能知道事情的性质、范畴以及归属。

我们在很小的时候就建立了边界感。想想看，两岁的孩子最喜欢说的两个词就是"不"和"我的"，而这两个都是表达边界感的词汇。这些话可以让别人知道我们的立场、感受、忍耐对象以及他们什么时候该退让。

当我们还是孩子的时候，如果周围的人尊重我们的边界感宣言，我们就会知道如何表明自身立场，例如，别碰我的东西，不就是不，滚出我的房间。此处不仅仅是在两岁，而是贯穿整个童年时期。

所谓"尊重边界感宣言"并不是说人们只能按照我们的要求去做，这并不现实。边界感宣言不是我们强加给别人的自私要求，而是关于偏好和容忍度以及什么可以和什

第 8 章 边界感：胡扯到此为止

么不可以的陈述或理解。

虽然我不能指望边界偏好总是会受到他人尊重（例如，我和讨厌的人在一起时可能只划分边界，而不是盼望那个人消失），但我想说的是，我们说出口的偏好（例如，我不喜欢被触碰）应该受到尊重。这里要明确的是，我说的不是想去做危险事情却被阻止，或者不想洗澡的两岁孩子；而是一个年龄足够大，在没有必要进行触碰的情况下，可以清晰地表达自己不想被触碰愿望的个体。如果划分的边界没有得到尊重，至少应该有一个解释。只有这样，我们才能决定下一步该怎么做。这与强行破坏边界，无视我们的愿望大不相同。当孩子坚持自己的主张时，父母和重要的成年人的反应方式就形成了孩子的边界感。

不当侵犯隐私也会影响到边界感。特地强调"不当"是因为父母确实需要对孩子的事情进行干预。监控孩子上网属于适当侵犯隐私；在孩子换衣服时**不小心**闯入，则是对隐私的不当侵犯。边界感的形成会受到照顾者的影响，因为孩子会以他们为榜样，学习如何在需要的时候说"不"，以及如何阻止他人的过度干预。

人际关系中的边界感指与他人沟通并决定哪些事情归我们，哪些不归我们，以及谁该对哪些事情负责。边界感与所有类型的关系和环境（爱情、工作、友谊、家庭、社交）都有关。

在成长过程中，如果我们身边的人一直忍气吞声或者自己经常被人当成出气筒，那么我们就极有可能会认为自己需要为别人的过错负责。如果有人经常侵犯我们的隐私，那么我们可能会认为边界是流动的而不是固定的。我们可能已经明白拒绝别人很难，被接受、被尊重也很难。

他人对我们进行粗暴的不当身体接触，可能会导致我们缺失边界感。好好想一想，如果小时候我们就知道即使表达了不适，人们也可以随心所欲地触摸我们的身体，又怎么可能学会对越界行为的控制呢？这其实是一项非常基本的能力。

第 8 章 边界感：胡扯到此为止

3 心理社会发展阶段

探讨爱利克·埃里克森（Erik Erikson）经典而永恒的人类发展模型——心理社会发展阶段，可能对每一个人都会有所帮助。每当有人告诉我，他们正在挣扎时，我都会回顾埃里克森的模型，以便更好地理解过去的事件是如何影响发展和当下的困境。接下来，我会总结其中几个早期阶段，帮助大家理解童年经历如何影响边界感的发展。

- **基本信任 vs. 不信任（出生~18个月）**：在这个阶段，如果婴儿的需求始终可以得到照顾者的满足，一直被爱呵护，他们就会学会信任。如果需求得不到满足，或者生活无常，难以预料，就会产生不信任。
- **自主 vs. 羞愧（1~3岁）**：这个阶段的幼儿处于探索期。如果他们拥有尝试新事物的自由，就会习得独立意识；反之，如果因独立而受到惩

169

罚或劝阻，就会产生恐惧、羞愧和怀疑。

- 主动 vs. 内疚（3~5岁）：这个阶段很大程度上是前一阶段的延续。儿童会更独立、更自信地做出决策。这个阶段是儿童学习主动尝试完成新事情、结交新朋友和探索的阶段。如果家长在保证安全的同时，鼓励孩子这样做，他们就会学会自信；如果不但不鼓励，还劝阻、妨碍孩子独立，他们就会产生内疚感。

- 勤勉 vs. 自卑（6~11岁）：在这个阶段会发生更多的社会比较。儿童会从同伴、老师和家长的评价中寻找证据，证明自己的胜任能力。如果他们没有得到他人对自身价值和能力的认可，就会自我怀疑，产生自卑情绪。

- 同一性 vs. 角色混淆（12~18岁）：青少年在这一阶段探索的主要问题就是"我是谁"。除此之外，他们还会纠结自己在这个世界上的定位是什么，将来要做什么。这个阶段会发生很多事情。青少年会尝试很多想法，他们可能会争论不休，甚至不知道为什么。他们正在努力塑造自己的个人信仰、理想、价值观和目标。这个阶段对同一性的形成至关重要，青少年需要

第 8 章 边界感：胡扯到此为止

> 不受评判地去尝试新的想法（当然是在安全的情况下）。如果成年人不尊重他们的自主权，不给他们足够的空间来解决问题，他们就会出现同一性和自我意识的混乱。

埃里克森还介绍了更多阶段，但我在这里只关注早期发展，并探讨在每个阶段如果没有受到尊重，会对边界感发展产生怎样的影响。

如果正在阅读此书的你恰好是一位家长，请**不**要过度代入，感到内疚。父母这个角色非常辛苦，而且这里并不是要大家尊重孩子所有的愿望和边界，那只会创造出一个贪心的怪物。我在这里说的滥用类型是边界侵犯，持续的边界侵犯会削弱孩子的独立性。

> **关于如何建立边界感的建议：**
> - 回想一下我们的童年，看看能否找出一些关于边界感的闪光时刻。画一条时间线，将这些重要时刻一一标记出来。注意自己当时的年龄和相对应的"埃里克森"阶段。这些经历如何影响我们的边界感？当我们想到核心信念时，这些经历又如何影响我们看待自己、他人和世界？这些核心信念如何影响我们的自我对话和人际关系？

4 为什么边界感很重要

如果回想一下我之前说过的关于人格和核心信念发展的内容，就会知道有关边界感的情绪学习是持久的。这意味着即使大家阅读、理解并同意我所说的关于健康边界感的一切，即使设定了边界，也可能继续感到内疚、过意不去和羞愧。因为我们不能回到过去重新学习情绪课程。我们能做的就是认识到自己在人生的关键时刻学到了一些不健康的东西，然后承认这种情绪反应是不理性的：它是过去的产物。

感知到某种情绪，并不是说这种情绪就是基于事实的。如果一个人在生命早期没有学会设定边界，那么如何设定边界可能会变成他最痛苦的经历，因为他会感到不适，认为自己这种做法是不对的，但事实**并非如此**。在理清头绪的时候，牢记事实是很重要的。

边界感很重要，可以让我们与他人的关系更为融洽。

第 8 章 边界感：胡扯到此为止

在过好自己生活的同时对别人的感受、反应和其他乱七八糟的事负责，只会让我们焦头烂额。说真的，我们自己的烦心事就已经够多了。

5 协同依赖

在边界感问题上挣扎的人，几乎也总是在与协同依赖做斗争。协同依赖是指在人际交往过程中，用力过猛的一种状态，通常会出于好心或误解他人需要帮助而做得太多，进而导致他人继续不良行为。

我知道协同依赖有负面含义，但我认为这是所有人都有可能会做的事情。我认为大多数人都有帮助别人的愿望，只是多少的区别。帮助他人的愿望过于强烈就会变成协同依赖，尤其是饱受边界感折磨的人，无论是已经认识到边界的人，还是划分边界的人都会如此。

协同依赖性特别强的人很难知道何时以及如何拒绝，也很难确定谁应该对当时的问题负责。

问题在于喜欢帮助和解决问题的人会被那些想要利用、消耗或依赖他人来解决问题的人吸引。换句话说，给予者会吸引索取者，反之亦然。

奇怪的是，协同依赖性强的人会经常抱怨，讨厌别人

第8章 边界感：胡扯到此为止

的问题给自己带来压力和负担。如果是这样，为什么这种事还在不断发生呢？答案还是要追溯到童年时期。解决问题的人从来没有学会拒绝，也不被允许拒绝。事实上，情况可能恰恰相反：他们可能在情感上被内疚和惩罚洗脑了，进而失去了拒绝的能力。解决问题虽然并不总是令人愉快，但至少是熟悉的。它满足了一些人的帮助需求或愿望，而且这类人通常意识不到停止实际上也是一种选择。

喜欢解决别人问题的人往往发现自己会和问题缠身的人在一起。他们很容易钻牛角尖，觉得自己需要或必须帮助别人。他们会幻想如果不帮忙，对方就有可能发生令人心碎的可怕事件，会认定自己别无选择。

也有一些人是因为解决问题会让他们感觉良好，有用武之地或强大。尤其是当自己的生活陷入混乱时，这会给人一种虚假的控制感或权力感。

最痛苦的可能是我们知道自己不应该再尝试解决，要将自己抽离出来，但这样做感觉又像在故意伤害别人，甚至毁了别人的生活。我们设想出来的故事情节很吓人，它不会消失，但也存在缺陷。

我们很难抵制这样的故事情节。即使它明显是错误、扭曲的，但生活在故事情节中的人只知道这一条人生道路。他们往往不知道还有其他的生活方式，这就是他们了解的一切。也许没有人告诉过这个人,关注自我和自我关怀是合理、有益的。他们很可能被教导说这样做是自私的。

6 协同依赖评估

我列举了一些问题来帮助大家更好地评估自己的协同依赖程度。设计这些问题的初衷不是为了计算分数,而是为了帮助大家进一步了解自己,能否提出一些有益于他人的建议。

- 比起自己的快乐,我花了多少时间在别人的问题上?
- 当我没有给别人提供更多帮助时,我有多自责?
- 在帮助别人解决与我不直接相关的问题时,我承担了多少责任?
- 当我不能或没有帮助别人时,我有多内疚?
- 帮助别人对我来说到底有多重要?
- 站出来表达自己的想法对我来说有多难?
- 当别人要求我做某事时,拒绝有多难?

- 把时间花在自己身上对我来说有多难？
- 我对于让别人难过这件事会有多困扰？
- 我为没有做更多事情而道歉，花了多少时间？
- 我为别人放弃了多少自己的幸福？
- 得到别人的认可对我来说有多重要？

你回答"非常多"的次数越多，就越难摆脱协同依赖。我认为实际数字并不重要，这个评估的目的并不是让大家将次数降到零，因为那样我们只会变成一个什么都不在乎的人。这个练习的目的是帮助大家反省自我，提高自我意识以及检查自我边界。

回顾一下，协同依赖性强的人帮助他人的想法极度扭曲，他们认为任何需要在自己身上花时间的行为都是自私的。他们觉得自己不能拒绝别人的要求，担心惹恼别人，所以花太多时间道歉和取悦别人。他们生活中最主要的驱动情绪是内疚，这是不对的。

在对答案进行反思时，有哪些给我们留下的印象深刻？确定一两个想练习划分边界的领域，设定一些目标，把这些都写在日记里。

第 8 章 边界感：胡扯到此为止

7 回到亲密关系

前一章中，我们研究了使分手变得复杂和超级混乱的另一方的特殊情况。这一章则涉及**我们**内心的一些复杂因素，它们同样会使分手变得复杂和超级混乱。

请注意，如果一个人的协同依赖性非常强，这个人的前任肯定知道这一点，还会利用这一点来对付她。我敢打赌，如果我们的协同依赖程度很高，那么对方肯定会利用内疚操控我们，旨在得到自己想要的东西。虽然我的观点可能是错的，但这其实并不罕见。

苦于高度协同依赖性和有边界感问题的人，在感情出现问题时承担了太多的责任，尤其是当另一方也在指责自己时。协同依赖者往往非常愿意承担责任和批评，有时甚至是全部责任。这是他们后天形成的习惯。协同依赖者会过度反刍，不断思索自己哪些地方本来可以做得更好，以及自己在这条路上做错了什么。这样导致的结果就是事情一旦出错，两个人都会一致指责其中一方。

发生这一切的前提是双方确实会分手。然而在实际生活中，协同依赖者往往会上瘾，他们并不希望分手。协同依赖性强的人可能会非常不开心，却也无法离开。因为他们自己设定的故事情节，使离开成为最自私的背叛行为。他们的设定就是另一个人需要解决问题的人。不管问题变得有多严重，或者受到多么恶劣的对待，解决问题的人都会留下来。即使分手了，他们也可能因为自己的设定而回头。

我前面说的可能有些片面。解决问题的人在付出的同时也会有所收获，伴侣的依赖会让他们觉得自己很重要。其实仔细想想，如果我们知道有人需要我们帮忙解决问题才能生存下去，这样的感觉会有多好？想要走出失恋的阴影，这部分的自检也不可或缺。还记得核心信念吗？"感觉自己重要"这一驱动不会消失，我们要了解它的存在，然后对其进行管理。

8 解决边界感问题的策略

总而言之，边界感和协同依赖问题会让分手变得非常困难。我们之所以挣扎，是因为放弃让人感到悲伤、不妥和恐惧。还有一个原因是分手后多出来的时间和精力会让人觉得无所适从，不再被别人需要的感觉也会让他们产生强烈的空虚感。如我前面反复强调的，重要的是要知道我们是谁，是什么在驱使着我们，这样才能管好自己的事。我们可以比现在的自己更聪明，并且取得成功。

把童年重要事件和协同依赖自我评估的数据放在一起，分析一下这些信息曾如何帮助我们理解驱动因素和动机。从逻辑上讲，当我们不再试图帮助别人解决问题时，又需要做些什么来填补留下的空白？如何将这些驱动因素背后的能量导向生活中那些更健康、更有成效的事情？

读到这里，大家应该已经尝试了一些策略来管理消极的自我对话。当我们谈及边界感和协同依赖时，也应该思考一下哪些消极自我对话会让我们陷入困境，哪些策略可以帮助我们管理脑海中那些自己杜撰的可怕故事。

第 9 章

恋爱成瘾

所有的成瘾都需要治疗,而治疗的一部分是认识到"我就是我"。我们可以为此感到愤怒,可以抱怨它多么不公平。但没办法,我们终究就是这样,问题在于要怎么做。

1 梅根和金博的故事

梅根和金博就像磁铁一样相互吸引。梅根说，只有和他在一起的时候，她才有活着的感觉。他实在太有趣了，他们有很多共同的爱好，自然而然地就走到了一起。此外，他们对彼此都充满了激情。金博向她坦白说，他的童年很不幸，从小就没有爸爸，妈妈经常会带不同的男人回家。他告诉她，这些经历让他害怕承诺，但他觉得她可以让他改变。听到这些，梅根感觉和他更亲近了，他允许她走进他的内心深处。这种结合真的太棒了，甚至让她产生了不真实感。

梅根的童年很美好，尽管她的父亲是个"酒鬼"，但在妈妈的帮助下，他至少表现得很好。不管怎么说，这就是爱，伴侣之间需要互相帮助。

她很高兴能找到一个欣赏她的男人，他对她也从不吝啬赞美之词。随着时间的推移，梅根看到了金博阴暗的一面。当他心情好的时候，一切都好得不能再好了。然而，一旦他的情绪低落下来，事事都会不顺。他不像她爸爸那样每天都喝酒,但他每隔一段时间就会喝得烂醉如泥。虽然那些日子很难熬,但梅根感觉很好,因为她可以帮助金博摆脱心魔,而其他女人都做不到。

他开始在她面前和其他女人调情,她甚至发现他在一次聚会上亲吻了另一个女孩。他们为此大吵了一架,但金博请求她的原谅,坚持说这是过去不堪的经历给他留下的阴影,他需要她的帮助。另外,他还责怪她说这是在逼他出轨,因为她不相信他,也许下次她可以穿得更性感一点。

事情又回到了起点,她发誓要更加努力地帮助他克服过去的心魔。他也向她敞开心扉,分享了她让他感到困扰的某些事情。比如,她对别人的友好,她在工作上的成功,她得到这一切多么容易。他想变得更像她,他有点讨厌她这么优秀。他请求梅根给他更多的时间和耐心。

她开始发现越来越多的谎言,在社交媒体上也看到了越界的调情行为。她的朋友都叫她赶紧跑。她知道他们的担心是有道理的,但她也知道他们不像她那样了解金博。他的这些举动确实让她很生气,但并没有到放弃他的地步,毕竟他还是很有潜力的。她认为他只是需要心理咨询,尽管上次她提起这件事时,他大发雷霆,说自己不是"神经病"。

争吵和谎言还在继续。梅根很不喜欢这样,她讨厌自己纠缠其中,但更痛恨离开的想法。即使他们共同度过的那些美好时光很少并且相隔甚远,但感觉实在是太好了,好到她难以割舍。

2 我控制不了自己

人们通常会理性地和我谈论他们的前任有多坏，可以列举出前任身上一连串应受谴责的品质。他们完全同意没有前任会过得更好，应该与其保持距离。他们说自己很挣扎，因为他们仍然爱着前任。这一切我都明白，我们不可能像关掉开关一样"关掉"爱。我告诉他们，即使仍有依恋的感觉，也不应该再纠缠下去。

然后，这些人就会对我说："但我不能控制自己，我不能离开。"

打住！这就是我们的分歧所在。"不能"意味着没有能力做某事。但我知道人们是有能力停止接触另一个人的，所以问题不在于能力。也许问题出在对能力的 信念 上，但那是另一回事。

这些人经常问我，他们是否对爱上坏人成瘾了。根据字典的解释，成瘾是一种被某种习惯、行为或某种心理上或生理上形成习惯的事物奴役的状态。例如，毒品成瘾，以致戒除它会造成严重的创伤。

治疗成瘾的专业人士认为，成瘾是即使知道所有的负面后果，还是不得不使用的药物。生理和心理上的渴望会让人为了得到他们想要的东西而撒谎和欺骗，它会占据一个人全部的心神。尽管知道后果很可怕，但使用药物的冲动仍然存在。

我理解为什么会将（一次又一次地）回到毒性关系与药物滥用对比，因为这两者都会摧毁他们的生活。如果对这两类人（与有毒前任复联的人和滥用药物的人）进行脑功能成像，他们大脑出现**兴奋**的部位也会相同。

说实话，我不太关心是否应该将这种毒性关系称为成瘾，我更关心的是该怎么做。我最担心的是，当人们开始把前任视为**无法**抗拒的毒瘾时，他们在不知不觉中就放弃抵抗了。我们不能被是否应该将其称为成瘾这一问题干扰，因为归根结底，更重要的是如何停止这种行为，而不是如何称呼它。

去他的"**不能**"，放弃就行了。我们来谈谈"**能**"的问题。

3 我们就称之为成瘾吧

　　如果大家已经接受了把毒性关系比作成瘾的想法，那就这样吧。我认为成瘾是一种疾病，有些人因为遗传或生活中的创伤经历，更容易患上这种疾病。我们会因为很多事物兴奋，如药物，当然还有经历——与另一个人联结的经历。基因和生活史部分是既定的，我们无法改变。

　　如果我们生来就很容易焦虑或高度紧张，小时候经历过创伤或虐待，或者父母的行为习惯很差，就会增加被毒性关系吸引、容忍毒性关系的风险。也许当关系变得紧张时，我们大脑的某一部位会兴奋起来；也许在吵架的时候，大脑的另一部位会兴奋起来，因为我们在之后的和解中充满活力。也许这就是我们知道的一切。

　　它们为什么会起作用？冲动行事是如何毁掉我们部分生活的？我们又是如何让自己的感受和欲望压过深思熟虑的选择的？

　　成瘾是一种可以治疗的疾病。一个人对某物或某人成瘾，并不代表这个人从此就完蛋了。我不会说："哦，好吧，你成瘾了。你可真倒霉。"

无论某人是否对有毒的前任成瘾，他肯定不知道如何离开，或者觉得自己没有足够的能力离开。"能不能"其实并不重要，因为这只是一个选择。我并不是说离开很容易，但去留的确只是一个选择。我们可能不喜欢这些选择，这很正常。我们可能觉得其中一个选择太难了，这也正常。不过，让我们把话说清楚：这与能力无关。

它关乎行为的改变。

4　我有问题

　　幸运的是，我们非常了解如何治疗成瘾，首先就是要确定自己在行为转变过程中的位置。詹姆斯·普罗查斯卡（James Prochaska）博士和他的同事们开发了一个叫作跨理论模型的变化阶段模型，包括以下5个阶段。

- 前预期阶段（precontemplation）
- 预期阶段（contemplation）
- 准备阶段（preparation）
- 行动阶段（action）
- 维持阶段（maintenance）

　　让我们按照顺序来解释一下。**前预期阶段**是当我们认为自己没有问题的时候，别人对此可能会持反对意见，但我们会坚持自己的想法。在这一阶段，我们会否认很多事情。我猜大家已经度过了这个阶段，否则现在也不会读这本书了。

预期阶段是指我们开始认为自己可能存在问题，但并不相信这很重要或值得处理。

一旦情绪被唤起（害怕、生气、羞愧、内疚等），我们可能就进入了第三阶段。在**准备阶段**，我们完全承认自己有问题。我们知道存在问题，能说出是什么问题，并且大概知道接下来要做些什么。

行动阶段（第四阶段）指我们针对这一问题，真正付诸行动的时候。我们已经看到了问题所在，然后勇敢面对，制订相应的改变计划，并一一实践，带来实际的改变。我们取得了进展，也许已经达成目标。小坏蛋！我们胜利了！绕操场一周庆祝吧！或者，也许还没有。

还存在第五阶段，如果我们没有像行动阶段那样认真度过这个阶段，就会发现自己在第三阶段和第四阶段反复横跳。如果我们不能将改变坚持下去（其中，有99.98%的人都做不到），就会发生这种情况。

第五阶段是**维持阶段**。在这一阶段，我们已经做出了改变，正在积极地使用各种方法来维持它。

我们大多数人都会止步于此。改变工作**看起来**已经完成了，但是一直在继续，实际上并没有完成。那些以往的做事方式仍然扎根在我们的大脑中，当新的方式变得无聊、不方便或很难时，它们就会卷土重来。所以，我们需要制订维持计划并付诸实践。这种维持会用进废退，就像我们在练出想要的肌肉之后很久，还得继续去健身房一样。

我想让大家知道，这种改变模型不存在成功与否的问题。如果我们不能坚持计划，就会退回到之前的阶段，而不是推牌重开。也许我们需要继续学习，改变计划，或者选择一个更容易实现的目标。我们可以借此机会了解哪里出了问题，以及下次如何以不同的方式行事。这部分要怎么做？这时，我们的MOMF技能就要派上用场了。

别再自怨自艾了，继续弄清楚哪里出了问题。继续往前走。

无论多么尴尬，行为的改变都始于毫无保留的诚实。即使有些残忍，我们也必须心甘情愿地承认自己的亲密关系确实存在问题，问问自己：它们对我们和我们的生活做了什么，对我们产生了多大的影响，让我们付出了什么代价。不要欺骗自己，别告诉自己改变是暂时或很容易的。现在不是谈论做多大改变的时候，而是我们要意识到这个过程伴随着痛苦和牺牲，但我们也会看到改变的好处和回报。

哪个变化阶段最能说明我们的情况？

当我们思考那些会让自己回到毒性关系的事情，想到那些我们想要忘记的丑陋现实以及那些本可以轻易避免的困难对话时，我们会想到什么？拿出日记本，写下需要改变的不当想法、感觉和行为，为我们日后成功改变自己在关系中的行为打下基础。

5 这下要来真的了

从这里开始，内容可能会有些乏味，但请不要跳过这一部分，毕竟细节决定成败。

如果大家正处于预期阶段，我们需要写日记，和朋友交谈，找到更多的证据说服自己存在问题。前任是否有问题不重要，我们现在应该关注的是自己。做个"侦探"，好好调查一番。观看能引起我们共鸣的电影。自食其力，看看我们自己能否有所作为。把这段关系的优缺点列一个全面的清单，并持续更新。有什么进展？有没有对自己诚实？

接下来的建议主要针对处于准备阶段的人。他们承认并愿意面对问题的存在。

我们需要详细地定义问题，列一个清单，记录与毒性关系有关且想要改变的行为。如果我们能认为毫无保留的坦诚很有趣，就更好了。尽管深入研究细节会给我们带来很大的痛苦，但它却是至关重要的。

再一次拿出那本"该死"的日记，列出我们认为有助于摆脱毒性关系并且必须要改变的所有行为。给朋友打电话可能也会有帮助。在想改变的每一个习惯旁边，写下需要改变的具体事项。例如，如果我们写下"别再试图拯救另一个人"，旁边就需要附上明确的行为。比如，打电话问候对方或对方的家人，花太多时间想知道对方的情况。明白了吗？

列出引发这些行为的诱因。也许是知道周六晚上我们会独自一人，也许是在社交媒体上看到前任，也许是喝酒时。一旦列出诱因清单，我们还需要列出可以对抗这些诱因的策略。远离社交媒体，让自己在星期六晚上忙起来，列出从前几章学到的可以舒缓自己情绪的工具（如写日记、运动、和朋友聊天）。

列出改变过程中可能遇到的障碍。例如，障碍可能是害怕独处。如果我们还没有学会管理对孤独的恐惧，它就会阻碍我们前行。现在列出那些我们能做的、可以用来管理障碍的事情。有些障碍可能是我们告诉自己的那些伤人的谎言，如**我很软弱、我不能、我不会**。

去他的。我强烈建议大家在这一阶段接受专业的心理咨询。为什么不呢？找一个会骂醒我们的人多好。朋友会好好关照我们，花钱雇来的心理咨询师则会让我们认清事实。

想想我们学到了什么，又是如何从过去的错误中得到成长的？

回顾一下我们的策略工具箱，想想过去那些对我们有用的策略。把它们加上，综合起来就是我们的治疗方案。

详尽的计划包括：如何清除影响我们改变行为的阻碍？我们能做什么？而不是要改变什么；以及当我们想回到以往的行为模式时，该如何应对？深度挖掘一下，把拥有的资源和需要的东西列一个全面的清单，以确保成功。我们应该让哪些朋友加入计划？要在家里张贴什么样的表情包或教练陈述来鼓励自己？写个改变日记怎么样？

一旦有了详尽的计划，就需要设定改变日期，并做好万全准备。此时，我想强调一点，这一路我们肯定会遇到坎坷，不可能一帆风顺；但每当事情没有如我们所愿时，我们都会学到一些新的东西，并在下一回合给我们提供帮助。没有失败，只有学习。别再自怨自艾、自咎自责了，这完全是在浪费时间。

我们大多时候都不会奖励自己。成功的时候，我们一定要为自己做一些事情。健康一点，别暴饮暴食。做一些有益的事情来犒赏自己，这其实就是在学习自我关怀。庆祝胜利吧。

最后一步是漫长的维持阶段。我们需要制订计划，来保证自己始终遵循既定的目标，不会迷失方向和倒退。我们要如何保持这种势头？我们的策略要如何随时间调整？我们的挑战又会如何随时间变化？

以下是一些克服恋爱成瘾的额外建议。

处理掉所有能让我们想起前任的东西，不要和前任联系，不要留任何照片和纪念品。所有这些都会成为触发器，阻碍我们忘记前任。想想看：如果有人想戒掉可卡因，他会把它放在自己能接触到的地方吗？会看自己吸食可卡因的照片吗？我认为不会。

不要去以前和前任一起去过的地方，不要去前任可能去的地方，不要去那些会让自己想起前任的地方。放聪明点，我们为什么要折磨自己？

热爱生命，远离社交媒体。

我们要有一张可以随时打电话的朋友清单，万一自己出现想回头的念头，这些人就可以教训我们一顿，让我们清醒过来。可以收藏一些舒缓的观想和冥想视频，运动，去图书馆，来一次自然徒步之旅，做一些能分散自己注意力的事情。有时只需要15分钟，这个冲动就会消失。每个人都可以做到，我知道你们可以，因为大家既然在阅读这本书，就说明你们拥有足够健全的脑功能。把这些工具做成清单挂在自己能看到的地方，如冰箱上。

展望一下未来，分辨那些会影响我们的事情（如假期、周年纪念和周六晚上），并做好准备。我们需要做哪些事情来防止自己再被"污染"？

识别并写下所有感受，给它们贴上标签，给自己一些指导和建议。解读那些感受然后将其一一处理。如果我们感到孤独，要在更深的层次处理这种孤独感，而不是盲目地做熟悉和无益的事情。例如，打电话给朋友，或者进行正念静坐，观察它如何随时间变化。如果感到焦虑，也许可以做一些放松或观想练习。如果我们只是需要分散一下注意力，那么就起床做点别的事情。有针对性地管理我们的感受，不要逃避。

一旦出现"我不能"的消极想法，"不够好"的自我判断以及"我真可怜"的自哀，就自己去证明（提示：除非患有大脑额叶功能障碍，否则无法证明这些消极想法），提醒自己我们要做的是选择。我们唯一能控制的就是自己的行为。我们可以选择不去阻止自己做出不好的选择，但这并不是说我们不能阻止。

用 MOMF 式反陈述和肯定宣言来反驳消极的自我对话：

- 就是听了你的话，我才沦落到如今这个地步。我受够了。
- 闭嘴吧，死骗子。
- 你个恋爱脑，你什么都不是！
还有很多其他创意可以选择。

逐渐摆脱有毒前任的过程恰好是审视哪些品质对自己有吸引力的好时机。前任是否与不健康的童年经历有关？例如，对方是否与我们的父母或生活中重要的人相似？这种毒性关系与核心信念有何关联？例如，前任对待我们的方式是否证实了我们的消极核心信念，或者我们出于"罪有应得"的想法容忍了哪些事情？此时此刻非常适合给自己做个采访：前任的什么地方吸引了我们？是什么让我们留下来？想想我们的那些核心信念和自我对话，它们是如何结合到一起的？

不要贪图唾手可得的果实，进而跳进另一段感情。远离交友软件。只需忍受一会儿疼痛，然后做冥想训练。看，我们是能忍受下来的。

列出我们在前行过程中需要与之和解的事情。给前任写一封永不寄出的信。注意"永不寄出"这个词，不要把它寄出去。我们不能让对方看到、理解并知晓。这封信是写给我们自己的。再给年轻的自己写封信，把一切都说出来，然后决定用什么标志来象征自己想要继续前行的决心（如篝火）。

回到第 3 章，重读生存策略。对自己好一点。

第 10 章

平和地离开

做所有正确的事情,让自己从分手中恢复过来是一回事;抛开过去,在感情上做到向前看完全是另一回事。面对过去的伤害,要在情绪上保持平和。这并不是要我们遗忘,也不是说它不重要,更不是说过去发生的事情是好的。情绪平和就是告诉自己是时候向前看了,并付出必要的精力和努力来实现这一目标。

达到平和就是承认发生的一切,承认它造成的伤害,并积极主动地切断与它的联系,彻底放下伤害。也许,在这本书中没有什么比达到平和更难的了,但我们可以做到。

1 莉兹和利奥的故事

一年前,莉兹和利奥离婚了,但她仍然很生气。她接受了他不想和她结婚,接受了他和新女友有了新生活,接受了他对孩子的共同监护权,也接受了自己的生活不再一样的事实,但她就是仍然很生气。

莉兹不仅生气,还恨利奥。她仍然会在朋友面前咒骂他。她窥视着他的社交媒体,知道他在哪儿度假,关注他周末做什么。她责备孩子们居然想和他一起消磨时光。她抱怨自己的日子过得紧巴巴,他却似乎过得很好,这不公平。

她一直无法释怀利奥为了新女友而选择离开她这一事实。这并不是说她认为他是个好丈夫,她只是不能原谅他为了那个艳俗的女人抛弃了她。她永远不会忘记他对她做的一切。她会让他们的余生付出代价。

2 这是一种选择

很多人都无法达到平和，因为他们认为达到平和会让人觉得自己在姑息、纵容别人的不良行为。但事实并非如此，达到平和是让自己远离持续的痛苦，是切断过去抛下的诱饵。它会让我们从过去的伤痛中走出来，因为我们值得拥有更多。达到平和是为了解救自己，而不是为了伤害自己。

那么，怎样才能达到平和呢？这个问题很难回答，因为每个人的做法不一样。我会大致说一下思路，但最终还是需要大家找到适合自己的方法。

达到平和首先要对自己做出承诺，即我们要这样做，并且会这样做。我们可以选择紧紧抓住过去，被它吞噬、定义，也可以选择走出来。虽然有人伤害过我们，但我们不再是受害者，因为我们只要做好准备，就随时可以选择事情的发展方向，我们会成为幸存者。

一旦做出选择，我们就接受了"放下过去是一段旅程"这一想法。我不能告诉大家这段旅程究竟什么时候结束,因为很多时候就算结束了,人们也不会马上注意到。直至一天,我们可能忽然想到:"啊,原来已经结束了。"

这完全可以理解,因为达到平和后,我们就会发现自己一直在反刍过去。虽然我们无法控制自己的感受,但可以控制自己花多少时间去想过去的伤痛和失望。一旦注意到自己的大脑在回想过去,就选择专注于其他事情。读到这里,我猜大家对如何重新集中注意力,停止不健康的想法已经有了一定的了解。现在是时候多加练习了,改变自己的关注点吧。

也许有些时候,我们会留出专属的治愈时间,让自己从过去的创伤中恢复过来;但在非指定时间,我们也不应该想着过去,请把思绪转移到当下。虽然这听起来很疯狂,但达到平和就是要持续不断地转移自己的注意力。因为过去已经占据我们太多的时间,我们转移思绪的次数越多,就越不会回想过去。

> 实现方法:
> - 为了达到平和,并且做到向前看,充分盘点经历过的伤害是很重要的。在过去的关系中,有哪些事情给我们带来了痛苦,甚至将来还有可

能让我们痛苦？把它们都写下来。给每一件事都打分，看自己是否已经做到了向前看（0~5分：0分＝仍像第一次经历那样痛苦，5分＝我已经向前看了）。

- 在日记本上记下得分较低的事情，并尝试解释原因。为什么无法达到平和？为什么还不放手？是什么阻碍我们向前看？要怎样才能达到平和？最后一个问题的答案不在别人身上，不要寄希望于别人做什么或给我们什么，这只会夺走我们的控制权。现在，我们要关心的是我们能为自己做些什么。

3 意义

接下来的内容可能比较敏感：我们要在坏事中找到好处或积极的一面。也许有人方才一气之下把书给扔了，所以不得不站起来把它从地板上捡起来。我感谢大家能给这本书第二次机会，愿意再看一眼。

我澄清一下。我的意思不是我们应该、必须，甚至能够感激发生在自己身上的事情；也不是说为了治愈自己必须看到光明的一面，但它确实有帮助。

意义是我们对事件的理解，它只与我们看问题的角度有关。仁者见仁，智者见智，是因为我们都会通过基因、核心信念和生活经历过滤信息和体验。我们都有独特的视角，看待世界的方式也会影响我们的治疗方式。

创造意义就是要理解所有事件都会产生连锁反应。好坏则取决于我们的观点，取决于我们看到了什么。我们生来就更容易看到事物消极的一面，所以当不好的事情发生时，我们可能需要加倍努力，才能看到积极的一面。但这并不意味着我们没有能力看到它们，也不意味着它们不存在，只是需要努力而已。

设想一下，尽管我为了保持健康失去了许多快乐，但我还是得了癌症，于是我得出了一个结论——我被诅咒了。我可以断定我受到了惩罚。既然我无法控制，那就完全放任吧。或者换个角度想想：虽然不好的事情发生了，生活是不公平的，但我还有机会去感激真心对我好的人，有机会重新评估自己的生活，专注于真正重要的事情。其他小事情不会再让我心烦了，因为我意识到这一切很快就会消失不见。

这就是意义，是我得出的结论，是我自己的判断。在情况不容乐观时，找到某种对自己有利的意义会让人感觉更好。我们可以将其视作在逆境中成长和深陷泥潭的人之间的区别。

意义的形成并不容易。对一些人来说，这可能需要付出很多努力，但一切都是值得的。

实现方法：

- 再次拿出我们的清单和日记，强迫自己写一些分手带来的益处。也许它能让我们意识到谁才是我们真正的朋友，或者对我们来说什么是重要的。这无疑是一个契机，让我们得以在未来结成更健康的亲密关系。尽管这一切让人痛苦，我们也有可能在其中发现一些值得庆幸的事情。即使我们只发现了一件积极的事情，也算是一个开始。

- 把分手带来的益处列成清单，可能需要时间。而且随着事情逐渐变得明朗，我们还可以不断补充；毕竟我们都知道，现在并不是所有事情都很清楚。有些事情我们暂时还不理解，但假以时日我们终会明白。

4 象征主义

我喜欢"用某一象征来表明自己决心达成平和以及向前看"的建议。这部分内容对我们来说非常特殊,毕竟这就是象征主义的意义所在。我们要做的就是选择一些对自己来说有象征意义的事物,来达成平和。我曾经就有一位患者烧了一堆让她非常痛苦的照片。当她看着火焰升起,把自己想象成一只凤凰从灰烬中腾飞时,她获得了新生。

我还见过有人种下代表成长和新生活的树或某种植物。人们对植物的精心培育,有时候也象征着自我滋养和成长。还有一些人成立了支持小组。事情可以朝着各种方向发展,这完全取决于我们有多大的创造力。

有些人一下子就可以想到要用什么象征,有些人则需要沉淀一段时间。然而,关键是这一象征要表现出我们正在向前看、正在愈合、正在寻求内心的平和。它象征着治愈的选择权在我们自己手上,象征着我们拥有控制权。

实现方法：

- 花点时间思考什么象征适合自己。我们会迸发出灵感，而且得出的结果无论是出于直觉，还是理智，都说得通。记住，这一切都只与自己有关，与他人无关。我再重复一遍，这一切都只与自己有关，是为了让自己放下过去。一旦选定了象征，就要付诸行动。我们可以展望一下自己彻底翻篇后的场景。

象征这一过程好像成了标示本章结束的感叹号，然而我本意并非如此。本章旨在帮助大家塑造意象，以进一步坚定我们对自己做出的承诺。正如前文所述，悲伤和治愈是一段旅程。虽然我们说不出这段旅程的结束时间，但可以选择什么时候开始。

第 11 章

翻篇

翻篇是接受这段关系已经成为过去,而且应该成为过去。我们可能会感到悲伤,但没关系,这很正常。我建议大家有意地阅读这一章。我们必须从时机和技能的角度,诚实地判定自己是否已经做好向前看的准备,而不能只考虑愿望。如果有人试图快速翻篇,大概率会陷入反刍思维,或者更糟,重温过去的记忆。

1 基利的故事

基利感觉自己好像被彻底撕碎,然后又被重新组装了起来。他笑了,因为在分手之前,他自以为很了解自己。他清楚地知道自己想要什么,喜欢什么,不喜欢什么,以及自己的优缺点、目标和价值观。然而,分手让他开始质疑这一切。他做了自己说过永远不会做的事,他看到了自己身上不曾了解过的阴暗面,他知道了谁是他真正的朋友,也明白了自己究竟是个什么样的人。当然,他过去也经历过困境,但这次不一样。他的一生都被改变了。

与女友的分手迫使基利开始重新审视一切。他发现,自己生活中的一些事情并不像表面上看起来那样美好。事实上,他并不喜欢自己的工作和那些空洞的友谊,也不喜欢参加那些会让他负债 6 个月的重大技术发布会。

基利在分手后对自己的决策、韧性和人生愿景充满信心。他不确定的是这一切要如何落实到位。他并不是很有耐心,也很难相信别人,但他知道自己必须深掘内心,才能成功翻篇。在某些方面，他觉得自己好像已经重新开始了，但又觉得这是他的错觉，因为他并没有开启人生新的一页。他一开始就很清楚什么是重要的，也已经准备好去寻找真正的幸福了。

2 准备好向前看了吗

这一章其实就是告诉大家要向前看。我希望到目前为止，我们每一个人都可以开始考虑把分手的故事翻页，代表我们已经准备好开启新的篇章（我们真正想要的未来）。这对应的可能是悲伤的接受阶段。

我敢打赌大家很久以前就已经想要翻篇了，但这并不完全是想不想的问题，而是"想要"加能力、再加时机，三者缺一不可。我们必须给自己一点时间去治愈、发展洞察力、学习、培养技能，以健康的方式继续前进。

在尝试翻篇后，我们可能会决定给自己多一些时间。这就好像我们虽然翻到了新的章节，但并没有真正理解其中的内容，无法从情感上接受这一切。这时就需要按下暂停键，然后再读一遍，让自己慢慢吸收，否则我们会很累。

如果把生活想象成一本有不同章节的书，那么我们要做的就是翻过会带来痛苦的、已经结束了的章节，然后继续阅读有关启示、赋能和未来愿景的新章节。所有章节都很重要。新章节确实令人愉悦，但这一切的基础是过去那些让我们成长起来的磨难。

这一章会谈论我们的未来、幸福。我知道身为读者的你们一直在为幸福而奋斗，并且会不停地奋斗下去。幸福不是一种终极状态，而是一段旅程。

不过，我想宣布一条重要信息，即幸福其实是一种工作。可能没有人告诉我们这一点，但我要告诉大家，这是真的（把拳头松开吧！虽然我知道这不公平，但幸福的具象化至少能让我们实际解决其中问题）。

我不会用花里胡哨的劝告来吹捧、奉承大家，让你们去谈恋爱，然后变得幸福。我不会说既然已经读到第11章了，放心吧，一切都会好起来的。不，我喜欢用科学来破坏所有的心灵鸡汤——没错，幸福也是有科学依据的。

3 幸福

迈过所有令人不快的悲伤阶段，我们终于抵达了彼岸——幸福。既然我们已经从地狱爬出来了，现在不失为一个重新评估幸福的好时机。但幸福到底是什么？这不是一个容易回答的问题。

幸福是我们都在追求的东西，也是一个相当重要的目标。问题是，如果你认为幸福就是永远快乐，或者不受生活压力的影响，那么一定会大失所望。人类的大脑并不能长期维持兴奋。什么？！如果幸福不是持续的欢愉，那它又是什么呢？

这是一个会让很多人陷入困境的问题，因为我们似乎一直在不断地寻找快乐，就像基利购买科技产品那样。很多人都搞不清楚幸福到底是什么，于是他们开始一味地追求兴奋，结果却一无所获。

更令人困惑的是，对于普通人而言，他们很难定义幸福。当我问"什么让你快乐"时，他们大多都一脸茫然。

这时，我通常会在心里暗骂一声，因为我知道自己问的这个问题已经引发了一场存在危机。

没想到，如此简单的一个问题却能让人一时哑然。当然，如果在社交场合被问到这个问题，他们可能会漠不关心地随便给出一个答案；但当真正面对"什么让他们快乐"这一严峻问题时，人们就会感到挣扎。有时是因为他们忙于工作和家庭而忽略了这一点，有时是因为他们与自己的真实感受脱节了，有时则是因为他们忽视了生活中真正重要的东西。对于这种情况的解释有很多，但这并不罕见。

4 幸福不是什么

让我们从"幸福不是什么"开始。

幸福不是像要去度假那样心花怒放。我的意思是,假期体验是特别的。我们每天早上起来去上班的时候,就不会有这种感觉。就算有,大脑也处理不过来。

幸福不是每时每刻都兴高采烈,不是寻求完上一秒的快乐,就马上寻求下一秒的快乐。幸福不是一种持续的眩晕状态。幸福不是总摆出一副快乐的样子,时刻保持积极;不是在心情沮丧的时候重复肯定宣言,拒绝不好的感受;也不是逃避消极情绪。

这些日子以来,我认为幸福的概念已经被曲解成"**只想快乐的事情,就好了**"。这绝对不是我要谈论的内容。幸福不是强迫自己在生气、悲伤,或其他不高兴的时候,也要积极思考。这是一种"把情绪塞进垃圾桶"的行为。当我们把所有的消极情绪都塞进垃圾桶时,它们就会慢慢堆积直至溢出。直到某一天,我们会发现垃圾撒得遍地都是。

我们本就该拥有一系列的情绪，包括消极情绪。这就是生活，而且我们应该主动感受自己的情绪，因为它们在向我们传达一些信息。例如，如果我们每次去上班都不高兴，也许该考虑换工作了。如果每次想到要投入一段感情，都会感到焦虑，也许是因为这段感情并不适合我们；又或者感情本身没问题，是我们自己有承诺问题。谁知道呢？关键是感受的存在是有原因的，值得我们停下来去反思，问问自己这些感受意味着什么。

如果我们发现自己一直处于不满或不悦的状态，就说明其中存在问题。一些持续的消极情绪可能是遗传的，但其他部分显然是情境性的。比如，当我们处于一段虐待关系或一个有毒的工作环境中时。再强调一次，自我感知对于弄清楚我们在不满什么非常必要。只有这样，我们才能有意识地解决它。

所以，一直心怀不满是不健康的，这显然不是幸福该有的样子。如果幸福也不是每时每刻都面带微笑和愉快，那么它究竟是什么呢？

5 幸福是什么

幸福一般有两种类型：一种是当下感到快乐，另一种则是指日常生活的一般状态。

也许最好的类比是天气。我们既有一般的气候预报，也有每天的天气预报。如果是在夏天的密歇根，我可以预计每天的温度为 26 ~ 32 摄氏度。天气通常会很热，但不会下雪，这就是气候。在此期间，密歇根不会每天都出太阳，会有阴天、雨天，这是每天的天气。

一个地区的整体气候就像心境（mood）。心境是更稳定的整体感觉或前景。我拥有快乐的心境说明我总体上精神状态良好，感觉很积极。每天的天气则像**情感**（affect），情感是我们在某一刻的感受。所以，虽然我一般来说都很快乐，但也会有悲伤的时候。我可以是一个不快乐的人，但仍然会度过快乐的时光。

幸福的整体气候与稳定的满足感保持一致。在某些时刻或日子里，人们会感受到一系列其他情绪，包括喜悦、愉悦、满足、感激、失望、愤怒或悲伤。一般来说，快乐的人也会有消极情绪，但消极情绪不会无限期地持续下去。当消极情绪消退时，快乐的人又会重新拥有基本的满足感。

理解天气的类比很重要，因为它突出强调了一些不可能。永远快乐的幸福是不可能的，我们更应该把幸福视为一种普遍的气候，接受每天的天气都会发生些许变化。

6 找到幸福

　　幸运的是，有很多研究都在探索如何提高我们的幸福感，这其中既包括幸福基线水平的提升，也包括幸福的暂时提升。请注意，我在这里说的不是"追逐"或"控制"幸福。最后，请记住，我说的是总体的生活满意度，而不是保持一种**极度快乐**的状态。

　　我也没有说"购买幸福"，金钱和幸福之间并没有必然的关系，除非你穷到吃住都成问题。购物也不会带来幸福，只会让我们的情绪高涨一两天，但很快就会消退，紧随其后的便是另一股强烈的购物欲望，就像可卡因成瘾一样。这不是幸福。

　　正如我在本章开头所说，我希望大家把幸福看作一段旅程，而不是最终状态。如果我们采用这种方法，就会接受快乐的事物会在我们一生中发生变化，也会允许自己灵活地探索和体验让我们快乐的事情，知道这不过是过程的一部分。这一切都与自我发现有关，没有对错之分，只有认知的不同。

7　幸福和价值观

我相信找到幸福的其中一个关键步骤是解决价值观问题，这又是一个非常宽泛的话题。我们不可能捕捉到这个世界上人们可能拥有的所有潜在价值观。如果你感兴趣，可以在网上搜索一下，会得到无数的相关建议。这里我将列出一些常见的价值观供大家了解：**健康、家庭、灵性、自由、正直、勤奋**。

价值观指我们在生活中看重的品质。我们认为一些事情是有价值的，这些事情也反映了我们的道德品质。价值观没有对错之分，只是我们的个人取向。

价值观与幸福到底有什么关系？好吧，朋友们，我们许多人都能够分辨自己的价值观，但可能会发现自己过着与价值观不符的生活。这种不同步在不知不觉中影响着我们，成为不幸福的深层根源，这是常有的事。我们的初衷很好，但生活难免忙碌；然后不好的事情就这样发生了，我们发现自己的生活与理想截然不同。

例如，蒂娅把家庭看得比什么都重要，但她和家人在一起的时间很少，因为她一直在很努力地工作，想给家人足够的经济保障，这样他们就可以得到自己想要的东西。但这也给蒂娅和她丈夫之间造成了裂痕，蒂娅非常不开心。她过着与自己的价值观几乎相悖的生活，这并不是因为她做出的选择很差，而是因为她陷入了一种模式，不知道如何做出改变。

再以玛蒂尔德为例，他非常看重正直和诚实的品质，但却与一生都在撒谎和欺骗的玛德琳生活在一起。玛德琳经常要求玛蒂尔德为她"打掩护"。玛蒂尔德感到愧疚和不快乐，但他不知道如何停止，他已经陷得太深了。

遵循着价值观生活就好比脊椎矫正按摩，能增加幸福感。按摩前，我们浑身都不舒服，疼痛不止。当按摩师把脊椎按回原位时，我们顿时感到摆脱负担，放松下来，疼痛消失不见，浑身舒坦。当事情混乱失序，变得一团糟时，我们就会感到失衡，甚至痛苦。

花点时间思考一下自己的价值观，问问自己什么最重要。给它们排序，然后根据自己的生活方式创建一个价值观排名。也就是说，如果有人观察我们的生活，他们会如何根据我们的生活方式对我们的价值观进行排名？我们看重的东西与实际生活的协调度如何？是否有不一致的地方？哪些价值冲突阻碍了我们的幸福？

现在，请把注意力转回到幸福上。

第 11 章 翻篇

问自己以下这些问题:

- 关于幸福,我们告诉过自己什么?
- 我们如何衡量幸福?
- 关于幸福,我们一直忽略了什么?
- 我和伴侣的关系选择如何影响幸福?
- 单身的我们需要如何改变自己对幸福的看法?
- 需要我们首先解决的突出问题是什么?

8 提升幸福感

正如我之前提到的,积极心理学近来涌现了许多文献资料。越来越多的科研人员开始寻找循证方法来改善我们的心境,让我们能更经常地感到快乐。以下是我对提升幸福感的建议。

(1)至少有两个可以信任的、真正的朋友

当我们忙于生活时,很容易冷落甚至忽视友谊,男性更是如此。我们需要和有趣的人在一起,他们会给我们的生活带来能量和想法,并且关心我们的幸福。不仅是身边要有人陪伴,重要的是要有合适的人陪伴。我们要与积极向上的人交往,要把自己置身于积极健康的环境中;把自己想象成一颗种子,如果想要茁壮成长,就需要把自己种在健康的土壤中。被消极情绪包围就像健康植物被藤蔓扼住命脉一样:会扼杀一切美好。即使我们不需要太多社交,与他人相伴仍然很重要。因为天性就是如此。

如果找不到可以信任的朋友,不用担心,不是只有你这样。我经常会遇到这样的来访者，他们会问怎样才能交到朋友。这对许多成年人来说，是一个令人尴尬的问题。但幸运的是，我们确实可以做一些事情来改变这种情况。我告诉他们交朋友的最好方法是追求个人兴趣。如果有人一直都想去上烹饪课，那就去吧，在那里会遇到同样喜欢烹饪的朋友。如果有人喜欢打牌，就可以在小区里找一些打牌小组。我们可以在互联网上搜索自己的爱好，可以加入群组。很多人试过之后，都说这是一个结识朋友的好方法。最后，交朋友存在风险，也需要付出努力，但一切都是值得的。

（2）做好事，行善举

加入公共事业或更大的社区不仅有助于建立联系和社交，也会成为我们心灵的食粮。通过做好事，我们会逐渐明白生活的意义，形成自己的人生目标。这会让我们感觉很好，还可以暂时转移我们的注意力。此外，与向下的社会比较还会带来额外的好处。当我们看到别人在苦难中挣扎时，会反思自己其实已经很幸福了。它会让我们更懂得感恩，我们也可以借此机会将本章开篇确定的那些价值观纳入自己的价值观体系。

（3）小心，不要被环境中的毒素影响了身心（如社交媒体、流行文化和新闻）

切记社交媒体和流行文化都是经过精心修饰的，呈现出比现实美好的假象。新闻则常常报道消极可怕的事件，会制造很多不必要的焦虑。可以做个试验，远离每日新闻和时政消息，看看我们会不会发生变化，我敢打赌大家会更有活力。这并不是让我们不要关注新闻或政治，而是要认识到这些信息会消耗我们许多精力。我们应当把自己武装起来，做好应对的准备，否则就只会被一连串坏消息打击。

（4）每天都要进行感恩练习，刻意寻找一天中的积极因素

在不顺利的日子里，这可能会很难，因为当我们感觉自己一直被乌云笼罩时，只想踢墙泄愤。花点时间有意识地思考一下自己要感激的是什么，这会让我们认识到自己的生活远不止这糟糕的时刻或糟糕的一天。即使一切看起来都要失去控制，也总会有值得感激的事情。我有一个朋友说："活着的每一天都是美好的一天。"这句话完美地概括了我想要表达的意思。

感恩练习可以是任何事情：把握当下，说谢谢，做一件好事，祈祷，或者给那些对我们产生积极影响的人写一封感谢信。具体做什么并不重要，重要的是要强迫自己不要过度反刍事物不好的一面。同样，当事情进展不顺利时，我们感觉郁闷是正常的。我不是要大家马上使用MOMF法，让自己振作起来。我想说的是，当我们为自己感到难过的时候，感激之情会给我们当头一棒，让我们认清事实。

（5）进行积极观想

观想那些积极的或者我们希望发生的事情，那些自己感觉很好或做得很好的场景。强迫自己花时间，有意识地留意我们在生活中取得的成功。想想吧，我们在一天中会遇到多少事情；有时就算过得不顺利，也还会逆流而上，努力耕耘，但我们似乎从来没有花时间反思已经完成的任务。庆祝一下自己取得的成功吧，我鼓励大家每天都记录自己的点滴成功，给予它们应有的关注。这会有助于我们专注在自己取得的成就上。

（6）为自己的生活安排一些乐趣

虽然这看起来很荒谬，但我们的日程太容易被垃圾待办事项和义务填满。要积极主动地为娱乐留出时间，安排愉快的活动。有确凿的证据表明，这可以有效干预情绪低落。

（7）多做运动

我一直以来最喜欢的情绪提升剂、焦虑摆脱器和压力克星就是运动。有很多证据表明，在缓解抑郁情绪、焦虑和压力方面，运动和药物一样有效。如果没有这些症状，运动也会让我们感觉更好。它既是一种分散注意力的方法，也是一项技能。它能改善我们的整体健康，还可以达到全身排毒的效果，消除压力荷尔蒙，从内啡肽中产生自然的快感。大家都可以去试一试，验证一下。有时候，我的心情特别不好，完全不想动，但我会强迫自己运动，结束后我总会感觉好多了。

（8）心怀怨恨是很难快乐的

幸福其实也在于放手。我很少谈及原谅，因为人们在受到委屈后，会认定另一个人不值得原谅。原谅似乎意味着我们将豁免权赋予他人。这就是为什么我更喜欢"达到平和"这个词。与原谅不同，达到平和是我们豁免自己。我们选择打破那个把我们束缚在过去的枷锁，然后说："我受够了。为了自己，我要选择向前看。我不想继续沉浸在过去的痛苦中。他做了什么，说了什么，甚至是否已经请求原谅，都不重要了。我要向前看了。"达到平和可以促进幸福，因为它能让我们感觉身上的担子轻了，进而更满足和快乐。如果我们被过去绊住了脚步，找出自己执着的怨恨，注意它们如何将我们困在过去、使我们被消极束缚。我明白这不是按下开关就能解决的事情。如果真有那么简单，我们早就做到了。也许我们现在已经做好为达到平和而努力的准备；也许我们已经做好接受心理咨询，读一本书，或者进行一场重要的对话的准备。放手吧。

（9）注意自己的设定值，然后调整相应的应对策略

无论是福是祸，我们天生就有一个幸福基因设定值。

如果一个人的设定值更高,说明他更容易快乐;如果设定值较低,那么无论周围发生了什么,他都很难快乐起来。重要的是我们要知道自己的幸福设定值,并且坚持制订的提升计划。这需要精力和努力,但我们越早接受这一点,就会越成功。我们不能改变设定值,但可以提高自己的幸福水平。

(10)一旦我们知道了自己的设定值,就会觉知由设定值产生的核心信念

我们也会觉知消极的自我对话,然后自己揭穿那些胡说八道。回想一下,认知行为疗法就是要找出我们给自己灌输的消极想法,并与之争论。这并不是说我们可以控制自己的消极自我对话,而是我们可以决定如何解决。消极的自我对话就像有人在我们耳边低语,不断诉说着负面评论。它会给我们看到的一切着色,并且塑造我们的感受。认知行为疗法就是要识别出我们思想中的消极因素,在我们反应过度、犯贱或者直接得出消极的结论时,唤醒自己。接下来要做的就是反驳,可以使用MOMF法来增加整个过程的趣味性:**去他的!到此为止了。**

(11)将认知行为疗法和MOMF谈话与正念结合起来,在我们预测未来或反刍过去时,阻止自己

拥有消极的想法或感觉消极并不一定意味着事情很棘手。例如,一觉醒来我焦虑症犯了,虽然感觉厄运即将来临,但我不会报警。我会对自己说:**我今天太焦虑了。我需要特别照顾自己,克服这种感觉**。唤醒我们隐藏的恋爱脑,提醒她生命的本质就是活在当下。时间不能倒退,不会再出现另一个一模一样的当下,所以我们不要错过任何一件事。把握当下就是环顾四周,既然已经身在此处,就让心也享受此刻。大家有没有被印有蓝天白云绿草地的户外照片震撼过?我有,我当时就问自己为什么会错过这样的美景,于是我强迫自己走出去看看我错过了什么。如果我们活在当下,就会发现身边的美。我们会经历有趣的时刻,参与有趣的对话,吸取有价值的经验教训。要记住,我们不能再回到过去。正念就是把我们的精力用在当下需要面对的事情上,而不是耗在假设和可能上。正念就是要活在当下,而不是自动导航[①]。这有助于提醒我们内心的坏蛋专注于当下并闭嘴。

---

① 自动导航,即自动化思维,行为的发出不需要经过大脑思考,遵循某种相对固定的模式。

9 小结

那么，我想表达什么呢？我们要尝试所有的策略吗？不，太多选择只会让我们手足无措，我们应该找到适合自己的方法。当然，还有很多我没有提到的想法：我们可以收听能振奋人心的广播，也可以祈祷。要尝试不同的事情，并且永远不要停止尝试。西恩（Sin）和柳博米尔斯基（Lyubomirsky）建议我们使用散弹法，即定期使用多种策略，而不是仅使用一种策略。前者会更有效，而且我们也不会太无聊。

再次强调一下，寻找幸福是一场永无止境的发现之旅，关乎价值观。我们需要躲避陷阱，认真去做能提升而非降低幸福感的事情，进行日常的认知和行为训练，练习活在当下。这也是一场自我寻找之旅。

实现方法：

- 写一份幸福使命宣言。通往幸福的道路上总会有挑战，我们愿意面对哪些呢？我们的抱负是什么？我们愿意做哪些事情让自己获得幸福，从而取得更大的成功？我们又将如何衡量自己是否幸福？

- 做一块描绘幸福的愿景板，结合手工制作、可视化和动机。找一个公告板或布告栏，剪下启发我们的图片，写上文字，涂上颜色，添加任何能点燃我们热情的东西，把它挂在看得见的地方，时刻提醒自己使命在身。

- 用这些方法引导自己，但要记住，方法并不是一成不变的，我们也不是。

推荐书目

Harris R. The Happiness Trap[M]. London: Trumpeter, 2008.

第12章

再见，笨蛋

写《走出失恋》这本书的目的就是帮助人们好好与前任道别，继续生活。这也是前几章内容的重点，但是读完这本书并不意味着我们已经成功走出失恋了。悲伤是一段没有时间表的旅程，有时我们明明觉得已经走出来了，却惊觉自己还是会被过去触动，再次陷入悲伤。这很正常，不要将其解读为倒退，这只是一次触动。

好好跟过去道别

我喜欢马丁·塞利格曼（Martin Seligman）博士在《真实的幸福》(Authentic Happiness)中说过的一句话："我们特别要注意一段关系的结束方式，因为这会永远影响我们对整段关系的记忆，以及重新开始的意愿。"这说明在以最好的面貌迎接未来之前，我们必须要先好好地跟过去道个别。也就是说，如果我们没有完全关闭过去的大门，就很难开始新的生活，进入新的亲密关系。如果门还开着，过去的记忆会慢慢渗入脑海，成为一种负担。当然，过去也不可能对我们毫无影响，我们需要吸取过去的教训，避免重蹈覆辙。只有解决了过去的问题，才能避免它们毒害未来。

如果我们放任过去毒害现在和未来，那么赢家就是那个坏蛋了。千万不要让坏蛋战胜我们。

翻篇吧，笨蛋。没有必要重提往事，从头到尾再回顾一遍，专注此时此刻就好。

走出悲伤不只有一种方法，关键在于要坚持克服。我们最好制订一个方案或计划，以有效克服悲伤情绪。既然我们已经重整旗鼓，开始直面悲伤，就会重新获得足够的能量来推行计划。

我们有时会痛哭，有时会大笑，有时可能又哭又笑。我一直认为，如果没有幽默（即使在最难熬的情况下），就会感觉没有什么希望。要告诉自己我们会没事的，肯定会好起来的。

以下是我对继续前行的一些建议。

回顾前面的章节，总结学到的要点，问问自己这些问题：

- 哪些错误的核心信念让我陷入当下的困境？将来需要注意什么？
- 我被什么消极自我对话蒙蔽了双眼？要如何觉知并改变？
- 我错过了哪些危险信号，为什么？
- 未来应该注意哪些陷阱？需要什么来有效驱动行为？
- 以后的路要怎么走？当我重新审视在一段关系

> 中必须拥有、不应该拥有或不在乎的事物时，哪些最重要？
> - 经历这一切后，对我来说什么不曾改变？
> - 我重新发现了哪些可能在过去丢失的东西？
> - 我要感谢什么？
> - 目前来看，哪些东西可以让自己在生活中变得更强大？
> - 还有哪些问题让你印象深刻？

现在，跟过去吻别吧："再见了，笨蛋！"

也许这个告别之吻是隐喻的、象征性的，甚至是字面上的。也许我们会烧掉照片或卡片，会换一个新发型或轻快的走路方式。我们终会翻篇，告别这段经历和痛苦回忆，获得新的认知和权利，以崭新的面貌面对现在和未来，在全新的道路上奔赴所想所爱。

我们不能太着急，要走好自己的路，看清楚脚下，关注自己的感受。把握当下，感受这一切。一切都焕然一新，继续前行吧，笨蛋。

致　谢

我想向我的母亲致以迟来的感谢，非常感谢她给予我无条件的爱。我也很感谢我的朋友和家人，即使在我有失体面的时候，也接纳并爱着真实的我。

感谢每一位向我讲述爱与失去故事的人，谢谢你们的信任，尤其是鼓励我写下这本书的 K。你真诚的反馈和鼓励，对我来说非常宝贵。

还要感谢我出色的版权代理人蒂娜·温斯科特（Tina Wainscott），感谢你的信任和鼓励，也感谢你在必要时给我小小的惩罚。

最后，感谢 Turner 出版社为支持和推广《走出失恋》这本书付出的所有努力。

参考文献

[1] Beck A. Cognitive Therapy and the Emotional Disorders [M]. New York: International Universities Press, 1976.

[2] Diener E. Positive Psychology: Past, Present, and Future. In The Oxford Handbook of Positive Psychology [M]. New York: Oxford University Press, 2009.

[3] Pinker S. The Language Instinct [M]. New York: W. Morrow, 1994.

[4] Bergen B. What the F: What Swearing Reveals About Our Language, Our Brains, and Ourselves [M]. New York: Basic Books, 2016.

[5] Jay T. The utility and ubiquity of taboo words [J]. Perspectives on Psychological Science, 2009, 4(2): 153-161.

[6] Wilkins J, Eisenbraun A J. Humor theories and the physiological benefits of laughter [J]. Holistic Nursing Practice, (2009): 349-354.

[7] Zhao J P, Yin H R, Zhang G W, et al. A meta-analysis of randomized controlled trials of laughter and humor interventions on depression, anxiety, and sleep quality in adults [J]. Journal of Advanced Nursing, 2019, 75 (11): 2435-2448.

[8] Savage B M, Lujan H L, Thipparthi R R, et al. Humor, laughter, learning, and health! A brief review [J]. Advances in Physiology Education, 2017, 41 (3): 341-347.

[9] Eckleberry-Hunt J. Move on Motherfucker: Live, Laugh, and Let Shit Go [M]. Oakland C A: New Harbinger, 2020.

[10] Lesser E. Broken Open: How Difficult Times Can Help Us Grow [M]. New York: Villard, 2004.

[11] Byrne E. Swearing Is Good for You [M]. New York: Norton, 2017.

[12] Kubler-Ross E. On Death and Dying [M]. New York: Simon and Schuster, 1969.

[13] Cooley C H. Human Nature and the Social Order

[M]. New York: Charles Scribner's Sons, 1902.

[14] Erikson E H. Identity and the Life Cycle [M]. New York: International Universities Press, 1959.

[15] Prochaska J O, DiClemente C C, Norcross J C. In search of how people change: Applications to the addictive Behaviors [J]. American Psychologist, 1992 (47): 1102-1114.

[16] Seligman M E P. Learned helplessness [J]. Annual Review of Medicine, 1972, 23 (1): 407-412.

[17] Sin N L, Lyubomirsky S. Enhancing well-being and alleviating depressive symptoms with positive psychology interventions: A practice-friendly meta-analysis[J]. Journal of Clinical Psychology, 2009, 65(5): 467-87.